沖縄科学技術大学院大学(OIST)は東大を超えたのか

―日本を「明治維新の呪縛」から解放し、新しい可能性を探求する―

鈴木 崇弘 著

はじめに

日本が、「失われた×年」といわれはじめたのはいつごろからだったろうか。そのようにいわれはじめて久しいが、×に当てはまる数字は、止まることなく、10年、20年、30年と増加してきた。

他方、日本は、ある意味穏やかかつ安定的に日常が経過し、一時期「改革」が大きく主張された時期もあったが、その実態は大きく変わることはなかった。

その間、筆者は、コロナ禍が起きるまでは、海外に何度も足を運び、世界や海外が大きく変化、変貌していくのを実感してきた。そのような世界と比較してみると、良い社会の面も多々あるが、日本は、変化することができず、相対的にかなり遅れた社会になりつつあることを実感してきた。

筆者自身、政策や政治の分野ではあるが、この30年以上にわたり日本社会の変革に取り組みながらも、日本のそのような実態を知り感じるがゆえに、自分のやってきた活動や努力の意味や活動・役割に対する焦燥感というか、喪失感も強く感じどころである。特に、

２０１０年代以降のこの約10年はその感を非常に強くしてきている。

しかしながら、筆者は、微弱ながら日本社会の変革に若干でもかかわってきた身として、今もその日本の現状を少しでも改善できないかと考えてきた。そのような考えや活動のなかで出会ったのが、沖縄科学技術大学院大学（ＯＩＳＴ）だった。

また本書を書くにあたり、上述したような日本の現状に関して、直感的に感じました実感していることを、その一部はすでに知っていたが、改めて正確な数字や情報として理解するために、本書でも引用させていただいているさまざまなデータにあたったことで、日本のおかれた現状の厳しさを改めて非常に強く感じた。

それらの事柄を、筆者自身のこれまでの知見や経験などと絡め合わせて、論考した成果から生まれたのが本書である。

その論考から生まれた、筆者の仮説というか試論ともいうべきものがある。

それは、日本は、明治以降、天皇の崩御や退位とそれに伴う元号の変更により、明治、大正、昭和、平成、令和と時代が変わってきているが、実はその全体の時期は、「明治維新モデル」

ともいうべきものを用いて近代化・進展・発展してきた時期だったという考え方である。

それは別のいい方をすれば、これも開始および終焉の定義により異なるのであるが、1185年から1333年までに9代、148年間続いた鎌倉時代（鎌倉幕府）、1336年から1573年まで15代、237年間続いた室町時代（室町幕府）、1603年から1868年までに15代、265年間続いた江戸時代（江戸幕府）と同じように、その時期全体（1868年から現在まで、2024年で156年）を、ある意味で「明治時代」と呼べるのではないかと考えているということである。


日本では、「明治維新」に対する評価や敬意・愛着・憧憬は高い。それは、日本の近代の歴史や日本の現在までの状況をみれば、ある意味当然のことであろう。

他方で、現在の日本の低迷と停滞の原因は実は、その思いやその当時に形成されたモデルなのではないかと考えている。その意味では、やや過激ないい方をすれば、日本は今こそ、「明治維新」や「明治維新モデル」への固執・憧憬の呪縛から解き放たれるべきなのではないだろうか。

その際に参考になるのが、正にＯＩＳＴなのである。

本書は、ある意味の問題提起として、思考実験的に基づいて執筆したものであるが、日本が、今後の可能性や方向性を探求、模索していく上での参考になることを期待しているところである。

それでは、読者の皆さん方と、日本の新しい可能性を探す旅に出ていきましょう！

鈴木 崇弘

目次

第1章

日本の現状　その国力とイノベーションの可能性

日本の現状　その国力とイノベーションの可能性

筆者は、1980年代のはじめにおいて、米国およびマレーシアに留学していた。当時は、日本は、海外では飛ぶ鳥を落とす勢いでいまだ輝いており、日本人というだけで海外の方々からそれなりにリスペクトされる時代でもあった。当時海外にいくと、日本語で「こんにちは」「元気ですか」と聞かれたものだ。最近は、海外に行くと、中国語あるいは韓国語で話しかけられることがほとんどだ。当時は、日本人であることが、ある意味誇りに思えた時代だった。当時、筆者がマレーシアに留学していた際には、日本について話すと、「あなたは、なんでも日本がいいと思っている」といわれるような状況だった。

ところが、その後の日本はどうだろうか。「失われた30年」「失った30年」などという言葉に象徴されるように、国際的にもズルズルとその国力や魅力は低下し、安定はしているが、社会的には新しいイノベーションや変化も起きず、国際的にも存在感を低下させてきている。「失われた30年」などの点については、例えば、「長きにわたる日本経済の停滞は、『失われた30年』などではなく、やるべきことをやらなかった不作為による『失った30年』と表現するのが正しい、と私は考える」（『失った30年を越えて、挑戦の時…生活者（SEIKATSUSHA）共創社会』（嬰田謙吾、中央公論新社、2023年、p12）などという意見もある。また海外の国々の変化や発展をみると、日本はもはや先進国とはいえないような状況も生まれてきている。この点については、拙記事「日本はもはや「先進国」ではない…深センで見た現実」（Yahoo! ニュース、２０１８年8月20日）など参照のこと。
そのような日本の現状は、いくつかのデータにも明確に現れている。ここでは、そのいくつかを紹介して、今の日本の状況について考えていきたい。

（1）日本や日本企業の力の低下

まず日本の社会や企業に関するいくつかのデータをみていこう。

①ＧＤＰおよび一人当たりＧＤＰなどの視点から

国力や国の豊かさを考えるうえで最もわかりやすいデータとして、国別の国内総生産（Gross Domestic Product：ＧＤＰ）および一人当たりのＧＤＰがあるだろう。

まず、図表1－1をみていただきたい。日本は１９６８年にＧＤＰ世界2位にランクされ、その順位を42年間維持したが、２０１０年には3位に転落した。その後も同順位を維持しているが、ＧＤＰの規模は、２０００年以降ほとんど拡大してきていない。その間、アメリカは2倍、中国は12倍規模で拡大してきた。つまり、アメリカや中国と比べると、その規模および拡大・伸張において大きな差が生まれていることがわかる。なお、２０２３年にはドイツに抜かれ、４位になった。

次に、図表１－２をみていただきたい。日本の１人当たりＧＤＰは２０００年時点では世界2位であったが、２０２０年には、シンガポールや香港にも抜かれて、世界24位までランキングが低下してきているのである。

図表 1-1：世界の GDP ランキングにおけるトップ 10 の推移

単位：10 億ドル

順位	1980 年	1990 年	2000 年	2010 年	2019 年
1	アメリカ (2,857)	アメリカ (5,963)	アメリカ (10,251)	アメリカ (15,049)	アメリカ (21,373)
2	日本 (1,128)	日本 (3,197)	日本 (4,968)	中国 (6,034)	中国 (14,341)
3	ドイツ (854)	ドイツ (1,599)	ドイツ (1,949)	日本 (5,759)	日本 (5,120)
4	フランス (702)	フランス (1,272)	イギリス (1,665)	ドイツ (3,402)	ドイツ (3,889)
5	イギリス (604)	イギリス (1,196)	フランス (1,366)	フランス (2,647)	イギリス (2,880)
6	イタリア (482)	イタリア (1,171)	中国 (1,206)	イギリス (2,494)	インド (2,832)
7	中国 (303)	カナダ (596)	イタリア (1,147)	ブラジル (2,209)	フランス (2,729)
8	カナダ (276)	イラン (581)	カナダ (745)	イタリア (2,138)	イタリア (2,012)
9	アルゼンチン (234)	スペイン (536)	メキシコ (708)	インド (1,708)	ブラジル (1,873)
10	スペイン (231)	ブラジル (455)	ブラジル (655)	ロシア (1,633)	カナダ (1,742)
備考	日本は 1968 年に GDP 世界 2 位にランクイン、42 年間維持。	日本の GDP は、バブル期を経て、10 年で約 3 倍。ドイツ(3 位)との差を拡大。	アメリカは 90 年代長期好況期。中国がランクイン。	日本は、中国に抜かれ 3 位転落。	中国が、2010 年代の高成長によりアメリカに迫る勢い。上位 2 ケ国と日本などの下位国との差拡大。

出典：IMF World Economic Outlook Database
2020 年以降はコロナ禍の影響があるので、2019 年のデータを最新とした。

図表 1-2：一人当たり GDP ランキングの推移 (1990 年、2000 年、2010 年、2020 年)

	1990 年		2000 年		2010 年		2020 年	
順位	国名	(ドル)	国名	(ドル)	国名	(ドル)	国名	(ドル)
1	スイス	38,666	ルクセンブルク	49,183	ルクセンブルク	106,185	ルクセンブルク	116,921
2	ルクセンブルグ	33,204	**日本**	38,534	ノルウェー	87,309	スイス	87,367
3	スウェーデン	29,794	ノルウェー	38,067	スイス	74,908	アイルランド	85,206
4	フィンランド	28,507	スイス	38,007	カタール	72,953	ノルウェー	67,326
5	ノルウェー	28,189	米国	36,433	サンマリノ	64,631	米国	63,358
6	デンマーク	26,922	アラブ首長国連邦	34,689	デンマーク	58,177	デンマーク	61,154
7	アラブ首長国連邦	26,622	アイスランド	31,571	オーストラリア	56,360	シンガポール	59,795
8	アイスランド	25,581	デンマーク	30,804	スウェーデン	51,869	アイスランド	59,643
9	**日本**	25,196	カタール	29,914	マカオ	50,921	カタール	54,185
10	米国	23,914	スウェーデン	29,252	オランダ	50,433	オーストラリア	52,905
11	フランス	22,600	イギリス	27,828	アイルランド	48,674	オランダ	52,456
12	オーストリア	21,779	アイルランド	26,154	米国	48,310	スウェーデン	52,129
13	カナダ	21,495	オランダ	25,996	カナダ	47,513	フィンランド	48,786
14	オランダ	21,002	香港	25,578	オーストリア	46,757	オーストリア	48,593
15	イタリア	20,691	オーストリア	24,589	シンガポール	46,569	香港	46,657
16	イギリス	20,668	フィンランド	24,347	フィンランド	46,392	サンマリノ	46,282
17	ベルギー	20,229	カナダ	24,221	ベルギー	44,691	ドイツ	46,216
18	ドイツ	20,174	ドイツ	24,009	**日本**	44,674	ベルギー	44,688
19	オーストラリア	18,866	シンガポール	23,793	ドイツ	42,642	イスラエル	44,181
20	バハマ	16,076	フランス	23,318	フランス	42,249	カナダ	43,295
21	カタール	15,446	ベルギー	23,303	アイスランド	41,623	ニュージーランド	41,165
22	ブルネイ	15,423	イスラエル	21,053	イギリス	38,738	イギリス	40,394
23	スペイン	13,650	バハマ	20,894	イタリア	35,658	フランス	40,299
24	アイルランド	13,642	オーストラリア	20,860	ブルネイ	35,437	**日本**	40,089
25	ニュージーランド	13,363	ブルネイ	20,511	アラブ首長国連邦	35,076	アラブ首長国連邦	38,661

出典：IMF World Economic Outlook Database

②国際競争力の視点から

次に国際競争力の視点から、日本の現状についてみていこう。「国際競争力ランキング」というものがある。

これは、スイスのローザンヌに拠点を置き、国際的にもMBAプログラムが高い評価を受けているビジネススクールである国際経営開発研究所（International Institute for Management Development：IMD）が毎年発表している「IMD世界競争力年鑑（IMD World Competitiveness Yearbook（WCY）」で報告されているランキングである。

日本は、1989年から4年間は、アメリカを抜いて第1位だった。ところが2002年には30位に後退し、2019年でも30位であったが、2020年版では34位にさらに下落した。2021年には、31位にやや上昇したが、相変わらず低い順位にある（図表1-3および図表1-4参照）。

このことからも、日本の国際競争力も急速に低下してきていることがわかるだろう。

図表 1-3：IMD「世界競争力年鑑」2020 年　総合順位

順位	国名	順位	国名	順位	国名
1	シンガポール (0)	22	ニュージーランド(↓ 1)	43	インド (0)
2	デンマーク (↑ 6)	23	韓国 (↑ 5)	44	イタリア (0)
3	スイス (↑ 1)	24	サウジアラビア(↑ 2)	45	フィリピン (↑ 1)
4	オランダ (↑ 2)	25	ベルギー (↑ 2)	46	トルコ (↑ 5)
5	香港 (↓ 3)	26	イスラエル (↓ 2)	47	ハンガリー (0)
6	スウェーデン(↑ 3)	27	マレーシア (↓ 5)	48	ブルガリア (0)
7	ノルウェー (↑ 4)	28	エストニア (↑ 7)	49	ギリシャ (↑ 9)
8	カナダ (↑ 5)	29	タイ (↓ 4)	50	ロシア (↓ 5)
9	UAE (↓ 4)	30	キプロス (↑ 11)	51	ルーマニア (↓ 2)
10	米国 (↓ 7)	31	リトアニア (↓ 2)	52	ペルー (↑ 3)
11	台湾 (↑ 5)	32	フランス (↓ 1)	53	メキシコ (↓ 3)
12	アイルランド(↓ 5)	33	チェコ (0)	54	コロンビア (↓ 2)
13	フィンランド(↑ 2)	34	日本 (↓ 4)	55	ウクライナ (↓ 1)
14	カタール (↓ 4)	35	スロベニア (↑ 2)	56	ブラジル (↑ 3)
15	ルクセンブルク(↓ 3)	36	スペイン (0)	57	スロバキア (↓ 4)
16	オーストリア(↑ 3)	37	ポルトガル (↑ 2)	58	ヨルダン (↓ 1)
17	ドイツ (0)	38	チリ (↑ 4)	59	南アフリカ (↓ 3)
18	オーストラリア (0)	39	ポーランド (↓ 1)	60	クロアチア (0)
19	英国 (↓ 4)	40	インドネシア (↓ 8)	61	モンゴル (↑ 1)
20	中国 (↓ 6)	41	ラトビア (↓ 1)	62	アルゼンチン (↓ 1)
21	アイスランド(↓ 1)	42	カザフスタン(↓ 8)	63	ベネズエラ (0)

出典：IMD「世界競争力年鑑 2020」より三菱総合研究所作成。
「IMD「世界競争力年鑑 2020」からみる日本の競争力　第 1 回：日本の総合順位は 30 位から 34 位に下落」（三菱総合研究所 HP、酒井博司、2020 年 10 月 8 日）

③企業ランキング

次に、ここでは、②の国際競争力とも関係する企業の収益ランキングをみていこう。

米国のビジネス誌『フォーチュン』は、毎年発表の「フォーチュン・グローバル500」で、グローバル企業の収益ランキング・ベスト500を示している。

日本企業は、同ランキングにおいて、1989年には111社がランクインしていた。だが、2019年版では52社にまで減少し、その後も増減を繰り返しており、数が増加しているとはいえない（図表1－5参照）。

それは、企業数を大幅に増やし、企業数1位を占める中国とは、残念ながら対照的だといわざるを得ない。

また日本企業の凋落ぶりは、トップ10のランキングをみると、より鮮明になる（図表1－6参照）。日本企業は、同ランキングにおいて、1995年には実に6社がランクインしていたが、その後は徐々に数を減らし、2020年にはトヨタ自動車がやっと10位にランクインできただけとなったのである。同ランキングでも、中国企業の健闘が目立つところだ。

図表 1-4：IMD「世界競争力年鑑」日本の総合順位の推移

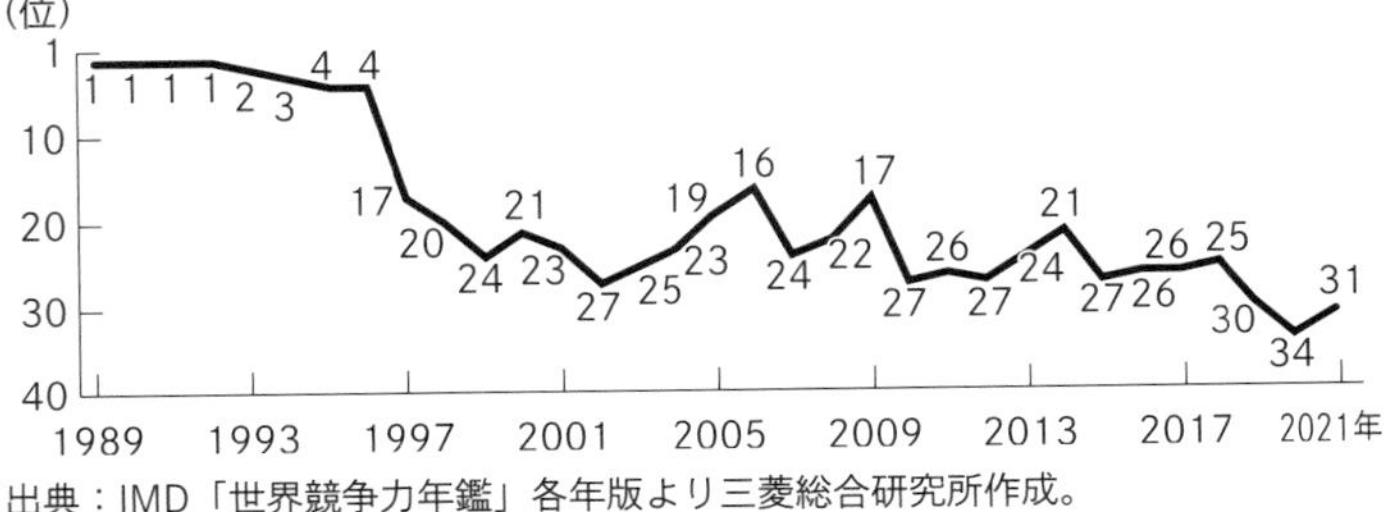

出典：IMD「世界競争力年鑑」各年版より三菱総合研究所作成。

図表 1-5：フォーチュン・グローバル 500 の国別企業数の推移

国名の下の（　）内の数字は、当該国のグローバル 500 にランクした企業数。

年	2022	2020	2019	2017
1 位	中国（136）	中国（124）	アメリカ（121）	アメリカ（133）
2 位	アメリカ（124）	アメリカ（121）	中国（119）	中国（109）
3 位	日本（47）	日本（53）	日本（52）	日本（51）
4 位	ドイツ（28）	フランス（31）	フランス（31）	フランス（29）
5 位	フランス（25）	ドイツ（27）	ドイツ（29）	ドイツ（29）
6 位	イギリス（18）	イギリス（22）	イギリス（18）	イギリス（21）
7 位	韓国（16）	韓国（14）7 位	韓国（16）	韓国（15）7 位
8 位	スイス（14）	スイス（14）7 位	スイス（14）	オランダ（15）7 位
9 位	カナダ（12）	カナダ（13）9 位	カナダ（13）	スイス（13）
10 位	オランダ（11）	オランダ（13）9 位	オランダ（12）	

出典：フォーチュン・グローバル 500 を基に筆者が作成。

図表 1-6：フォーチュン・グローバル 500
（2020、2010、2000、1995、1990　上位 10 社）
（　）の数字は、上位 10 社に占める日本企業の数。

年	2020（1）	2010（2）	2000（4）	1995（6）	1990（2）
1 位	ウォルマート	ウォルマート	ゼネラルモーターズ	三菱商事	ゼネラルモーターズ
2 位	中国石油化工集団	ロイヤル・ダッチ・シェル	ウォルマート	三井物産	フォード・モーター
3 位	国家電網	エクソンモービル	エクソンモービル	伊藤忠商事	エクソン
4 位	中国石油天然気集団	BP	フォード・モーター	住友商事	ロイヤル・ダッチ・シェル
5 位	ロイヤル・ダッチ・シェル	トヨタ自動車	ダイムラー・クライスラー	ゼネラルモーターズ	IBM
6 位	サウジアラムコ	日本郵政	三井物産	丸紅	トヨタ自動車
7 位	フォルクスワーゲン	中国石油化工集団	三菱商事	フォード・モーターズ	ゼネラル・エレクトリック
8 位	BP	国家電網	トヨタ自動車	エクソン	モービル
9 位	Amazon.com	アクサ	ゼネラル・エレクトリック	日商岩井	日立製作所
10 位	トヨタ自動車	中国石油天然気集団	伊藤忠商事	ロイヤル・ダッチ・シェル	BP

出典：フォーチュン・グローバル 500 を基に筆者が作成。

図表１－７をみると、日本企業の存在感の変貌はさらに鮮明になる。

１９８９年には、世界時価総額ランキングトップ50においては、ＮＴＴがトップで、日本企業は50社中32社を占めていた。

より詳細には、「STARTUP DB ２０２３年世界時価総額ランキング。世界経済における日本の存在感はどう変わった？」（高橋史弥、STARTUP DB、２０２３年3月3日）によれば、「2位以下は日本興業銀行・住友銀行・富士銀行・第一勧業銀行と金融機関4行が続き、トップ5を日本勢が占めている。当時の日本は製造業が経済の中心。トヨタ自動車（11位）や日産自動車（26位）といった自動車メーカーが名を連ねている。また、大きな付加価値を生み出していたのがエアコン・テレビなどの家電や半導体だ。『メイド・イン・ジャパン』がグローバル市場での繁栄を謳歌し、半導体シェアも50・3％で世界トップ（１９８８年時点／経済産業省）。その好調ぶりを示すかのように、日立製作所（17位）や松下電器（18位）、それに東芝（20位）や日本電気（ＮＥＣ／48位）といった企業がランクインして」いたのである。

ところが、２０２３年には、同ランキングの上位は、アップル・マイクロソフト・アルファベット（グーグル）・アマゾンとアメリカ発のＩＴプラットフォーマーが上位を占め、日本企業はゼロとなり、存在感を完全に失ったのである。それに代わり、アメリカ（32社）

と中国（5社）が伸びたのである。

さらに、日本の経済や企業の力を考える場合、給与・賃金も、最近日本での賃金向上に関する動きにもでてきており、注目すべき視点の一つであろう。

図表1－8をみてもわかるように、日本における平均賃金はこの30年間ほぼ横ばいで増えていない。そして、他のアジアの国々よりも低位になってきている。特に経営幹部レベルの場合は、さらに多くのアジアの国々よりも低位となってきている。

このことは、さまざまな要因や理由が考えられるが、日本の経済や企業の魅力が低下し、国際的に人材を集める力が下がってきているということができるだろう。

図表 1-7：世界時価総額ランキングトップ 20（1989 年、2023 年）

（2023 年）

順位	企業名	時価総額（億ドル）	国
1	Apple	23,242	アメリカ
2	Saudi Aramco	18,641	サウジアラビア
3	Microsoft	18,559	アメリカ
4	Alphabet	11,452	アメリカ
5	Amazon.com	9,576	アメリカ
6	Berkshire Hathaway	6,763	アメリカ
7	Tesla	6,229	アメリカ
8	NWDIA	5,728	アメリカ
9	Unitedhealth Group	4,525	アメリカ
10	Exxon Mobil	4,521	アメリカ
11	Visa	4,518	アメリカ
12	Meta Platform	4,454	アメリカ
13	台湾積体電路製造（TSMC）	4,321	台湾
14	騰訊控股（Tencent Holdings）	4,239	中国
15	JPMorgen Chase	4,135	アメリカ
16	LVMH Moët Hennessy Louis Vuitton	4,125	フランス
17	Johnson & Johnson	4,076	アメリカ
18	Walmart	3,842	アメリカ
19	Mastercard	3,376	アメリカ
20	Procter & Gamble	3,285	アメリカ

（1989 年）

順位	企業名	時価総額（億ドル）	国
1	NTT	1,639	日本
2	日本興業銀行	726	日本
3	住友銀行	696	日本
4	富士銀行	671	日本
5	第一勧業銀行	661	日本
6	IBM	647	アメリカ
7	三菱銀行	593	日本
8	Exxon	549	アメリカ
9	東京電力	545	日本
10	Royal Dutch Shell	544	イギリス
11	トヨタ自動車	542	日本
12	General Electric	494	アメリカ
13	三和銀行	493	日本
14	野村證券	444	日本
15	新日本製鐵	435	日本
16	AT&T	381	アメリカ
17	日立製作所	358	日本
18	松下電器	357	日本
19	Philip Morris	321	アメリカ
20	東芝	309	日本

出典：「2023 年世界時価総額ランキング。世界経済における日本の存在感はどう変わった？」（STARTUP DB、高橋史弥、2023 年 3 月 3 日）から一部抜粋。

図表 1-8：平均賃金の国際比較

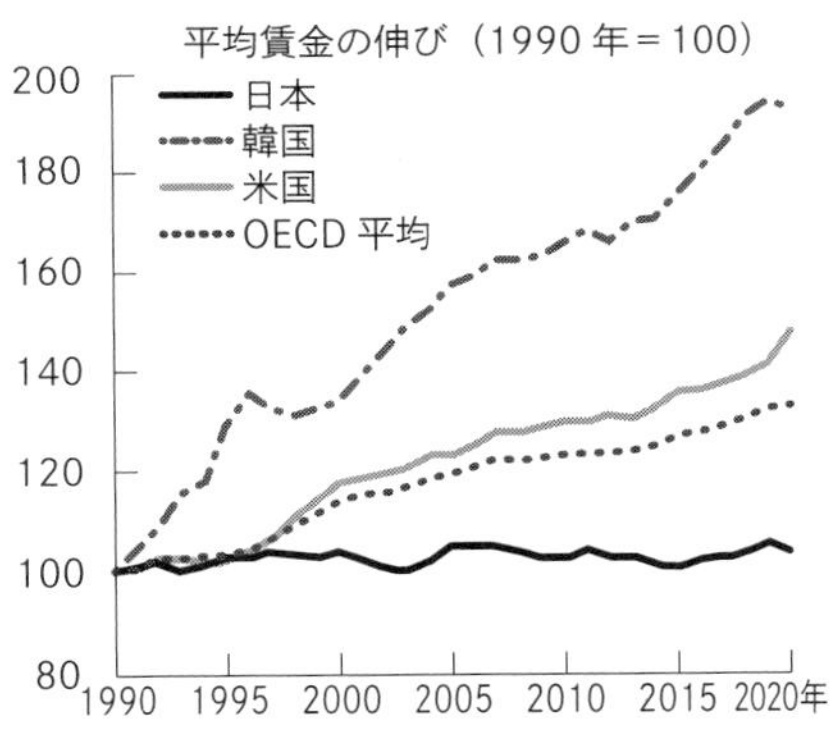

平均賃金（2020 年）

順位	国名	平均賃金
1	米国	69,392 ドル
2	アイスランド	67,488 ドル
3	ルクセンブルグ	65,854 ドル
4	スイス	64,824 ドル
5	オランダ	58,828 ドル
6	デンマーク	58,430 ドル
7	ノルウェー	55,780 ドル
8	カナダ	55,342 ドル
9	オーストラリア	55,206 ドル
10	ベルギー	54,327 ドル
11	ドイツ	53,745 ドル
14	英国	47,147 ドル
17	フランス	45,581 ドル
19	韓国	41,960 ドル
22	日本	38,515 ドル
24	イタリア	37,769 ドル

順位	国名	平均賃金
-	OECD 平均	49,165 ドル

「OECD Data」を基に経済同友会作成。
出典：「『生活者共創社会』で実現する多様な価値の持続的創造ー生活者（SEIKATSUSHA）による選択と行動ー」（経済同友会、2022 年 10 月）

④イノベーション力

次に、イノベーション力についてみていこう。これに関しては、「グローバル・イノベーション・インデックス（Global Innovation Index：ＧＩＩ）」というものがある。

これは、国連の専門機関の１つの世界知的所有権機関（ＷＩＰＯ）が、米コーネル大学とフランスの経営大学院インシアード（INSEAD）と共同で、２００７年から発表しているものである。ＧＩＩは、国の制度、人的資本、インフラ、市場・ビジネスの洗練度、テクノロジーに関するデータなどを基に、各国のイノベーション能力や成果の能力を示す指数で、各国のイノベーションを評価するうえで、最も権威ある指標の１つとなっている。

ＧＩＩの２０２０年版によれば、日本は順位を前年から１つ落とし、16位となった（図表１－９および図表１－10参照）。日本は、ＧＩＩ調査が開始された２００７年は４位だったが、その後２０１２年まで急速に低下を続け、25位にまで低下した。その後徐々に回復したが、２０１８年から再び低下傾向にある。順位の低迷は、アウトプット・サブインデックスの低さにあり、日本の革新的な活動の実際の成果が低位にあることを物語っている。

なお、ＧＩＩは、次の2つのサブインデックスの平均で計算される。「イノベーション・インプットのサブインデックス」(1)制度　(2)人的資本と研究　(3)インフラストラクチャー

⑷市場の洗練度　⑸事業の洗練度の5つの柱に分類）は、革新的な活動を実現・促進する経済的要素を評価するもの。「イノベーション・アウトプットのサブインデックス」⑹知識および技術の産出　⑺創造的なアウトプットの2つの柱に分類）は、革新的な活動の実際の成果を捉えるものである。

他方で、同データによれば、韓国、香港、中国などの他のアジアの国々や地域が日本よりも上位にランクされてきており、ベトナム（42位）やインド（48位）、フィリピン（50位）などのアジアの他の国々も、急速に順位を伸ばしてきており、日本は急追されてきているのである。

なお、「イノベーション力」についての詳しくは、「韓国や香港、中国より下位の日本の技術革新力　一体何が原因か　第19回　グローバル・イノベーション・インデックス2020から読み解く特許の将来」（三浦毅司　正林国際特許商標事務所　証券アナリスト、大熊雄治　正林国際特許商標事務所　国際アドバイザー（弁理士）、日経ＸＴＥＣＨ、2020年9月15日）などを参照。

上記のことからも、日本の社会や企業における力や可能性が、この数十年、特にここ20年間で大きく低下してきているのがわかるだろう。

図表 1-9：GII のトップ 20（2020 年版）

順位	国名	前年順位	前年比	順位	国名	前年順位	前年比
1	スイス	1	0	11	香港	13	2
2	スウェーデン	2	0	12	フランス	16	4
3	米国	3	0	13	イスラエル	10	−3
4	英国	5	1	14	中国	14	0
5	オランダ	4	−1	15	アイルランド	12	−3
6	デンマーク	7	1	16	日本	15	−1
7	フィンランド	6	−1	17	カナダ	17	0
8	シンガポール	8	0	18	ルクセンブルグ	18	0
9	ドイツ	9	0	19	オーストリア	21	2
10	韓国	11	1	20	ノルウェー	19	−1

図表 1-10：日本の GII 順位の推移

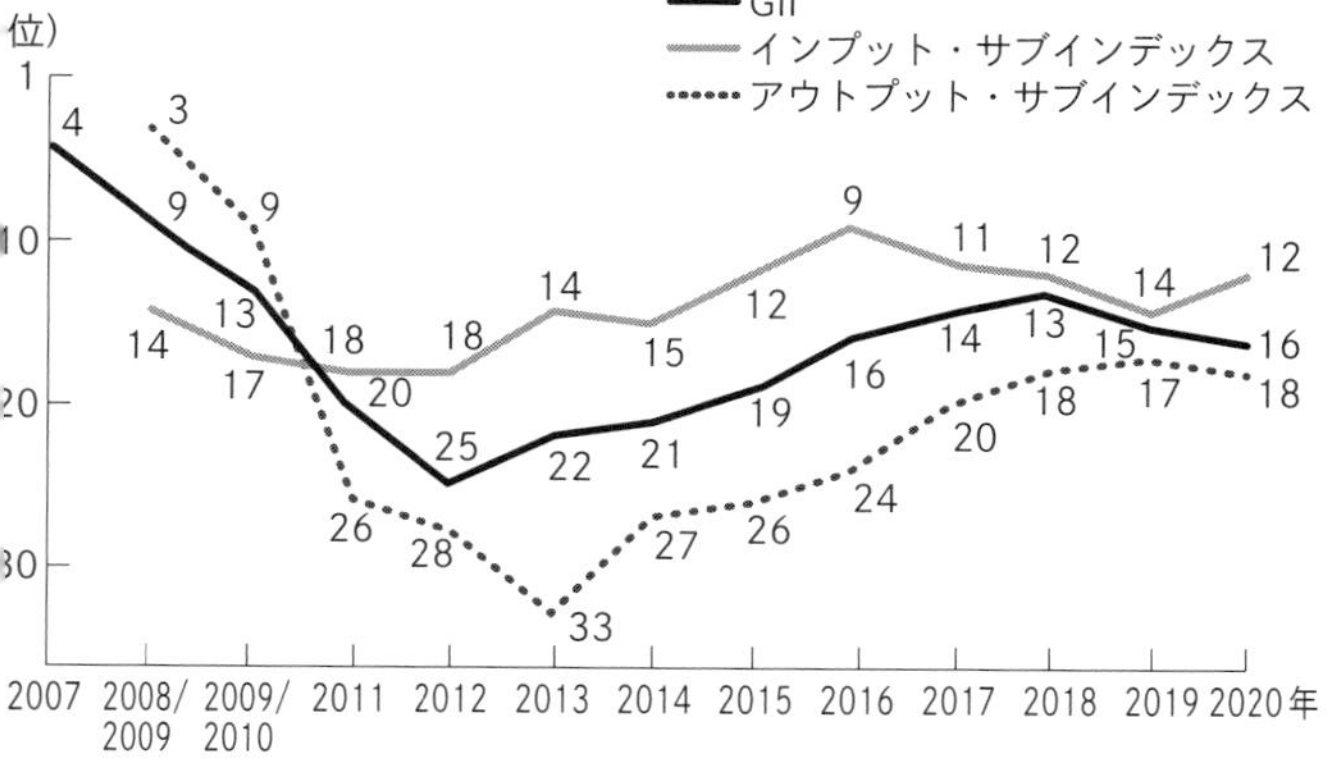

典（図表 1-9、1-10）：WIPO 資料を基に正林国際特許商標事務所作成。

⑤ユニコーン企業数

国・社会において、その経済の可能性やダイナミズムを知る視点として、そこにおける新規企業などに関するデータが参考になる。

その数に関しても、定義や調査方法、調査年などによって異なるので注意すべきであるが、ここでは、ユニコーン企業数を取り上げておく。

ユニコーン企業（英語：Unicorn company）とは、「設立から10年以内」「企業評価額が10億ドル以上」「非上場企業」「テクノロジー企業」の4つの条件をすべて満たしている企業を指す。設立から10年以内で企業評価額が10億ドル超になることは非常に困難であるために、高い希少性ある企業を指す言葉として、伝説上の生き物「ユニコーン」の名称が用いられている企業の呼称である。「ユニコーン企業」という言葉が使われ始めた2013年頃には世界に39社しか存在しなかったといわれている。

図表1－11をみてもわかるように、米国および中国だけで533社（71％）を占めている。

これに対して、日本は、人口約1億2550万人（2021年10月1日の時点）、名目GDP約4兆9374億ドルで世界3位の経済規模で、ユニコーン企業数は6社のみである。

しかも、例えば、イスラエルは人口約950万、名目GDP約4816億でユニコーン企業数17社であり、またシンガポールは人口約569万人、名目GDP約3970億ドルで日本と同数のユニコーン企業数である。このように名目GDPや人口で規模が小さい他の国々と比較しても、日本のユニコーン企業数が少ないことがわかる。このことからも、日本の経済や企業のダイナミズムや可能性が乏しいということができるのである。

図表 1-11：国別のユニコーン企業の数（2021 年 7 月時点）

順位	国名	数	全体に占める％	名目 GDP（億ドル）2021 年	人口（万人）数字は 2020 ～ 22 と異なる
1	米国	378	50.4	233,150	約 33,200
2	中国	155	20.6	177,450	約 140,000
3	インド	34	4.5	31,763	約 140,756
4	英国	31	4.1	31,876	約 6,708
5	イスラエル	17	2.3	4,816	約 950
6	フランス	16	2.1	29,355	約 6,790
6	ドイツ	16	2.1	42,259	約 8,319
8	ブラジル	12	1.6	16,080	約 21,400
8	カナダ	12	1.6	19,908	約 3,699
10	韓国	10	1.3	18,102	約 5,163
11	日本	6	0.8	49,374	約 12,550
11	シンガポール	6	0.8	3,970	約 569
	その他	57	7.6		
合計		750	100.0		

出典：CB insights
「世界のユニコーン企業の現状 ① 世界のユニコーン企業の数 750 社に！（社長レポート）」（SUGENA の HP、須毛原勲、2021 年 7 月 29 日）を基に外務省や JETRO などの関連情報を筆者によって付加したものである。

（2）日本の研究開発力

日本は、研究開発力や科学研究・技術力においても、この30年で大きく衰退してきている。

より具体的には、科学技術・学術政策研究所（National Institute of Science and Technology Policy：ＮＩＳＴＥＰ）が、２０２２年８月９日に公表した「科学技術指標２０２２」によれば、日本は、２０２２年版では、２０２１年版と同じく、研究開発費と研究者数は日米独仏英中韓の７カ国の主要国のなかで第３位だが、他国と比較しても伸びが小さい。パテントファミリー（２カ国以上への特許出願）数は世界第１位だが世界シェアにおける低下傾向を示している。また論文の面からみた科学研究力においても、低落傾向にある。

①研究開発費

ここでは、日本の研究開発費について検討する。国による研究開発費は、その調査方法等に関しては、国や調査自体における差異などがあり、通貨の為替レートなども影響するために、厳密な国家比較は難しい面もあるが、経年でみていくことで、その規模や傾向を概観し、把握することはできる（図表１－12参照）。

日本（ＯＥＣＤ推計）の研究開発費総額は、長期的には増加傾向にあるといえるが、
２０２０年は、対前年比は１・９％減で、１７・６兆円である。

これに対し、米国は、長期的に増加傾向が続いており、世界第１位の規模を保っている。中国は２００９年に日本を上回り、その後も増加し続け、２０２０年では５９・０兆円、対前年比７・５％増で、主要国中で最も伸びている。

図表 1-12：主要国における研究開発費総額の推移

(A) 名目額（OECD 購買力平価換算）

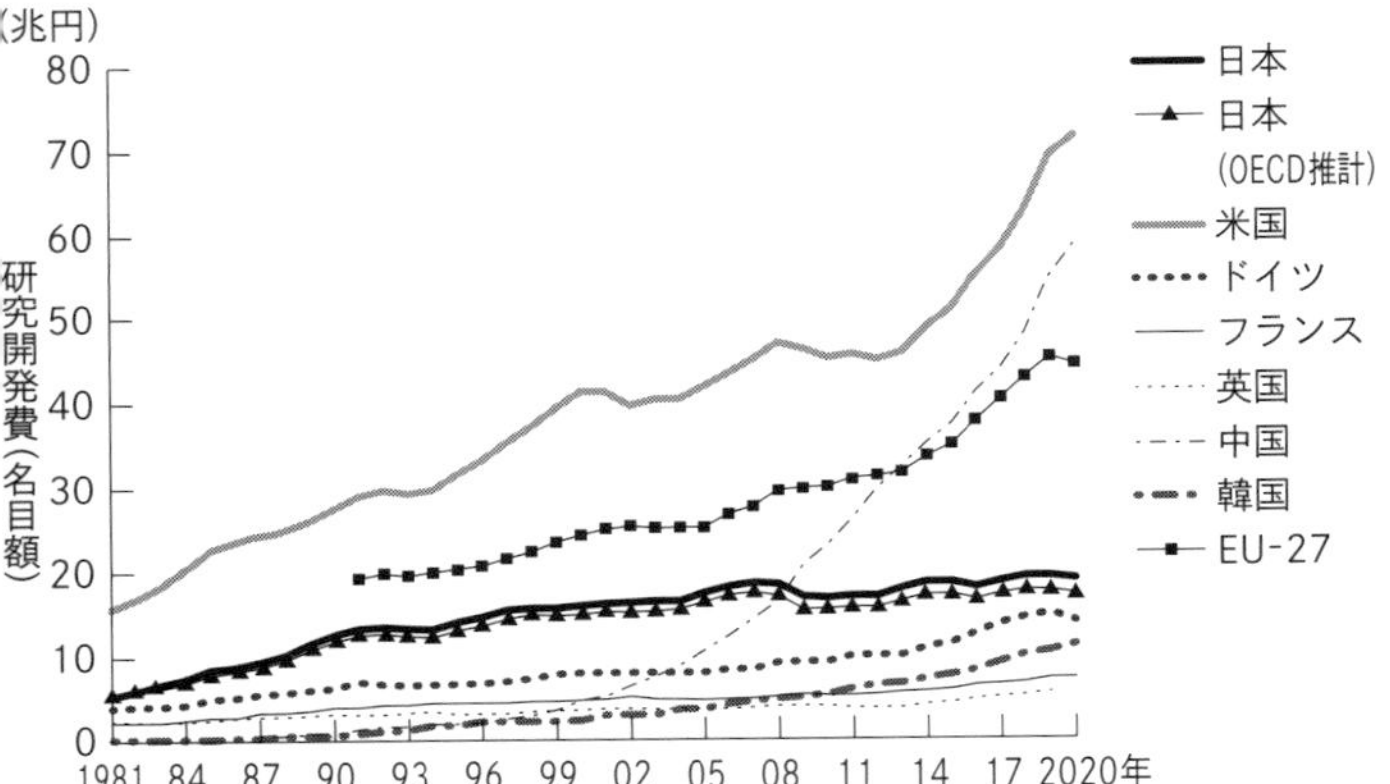

(B) 実質額（2015 年基準；OECD 購買力平価換算）

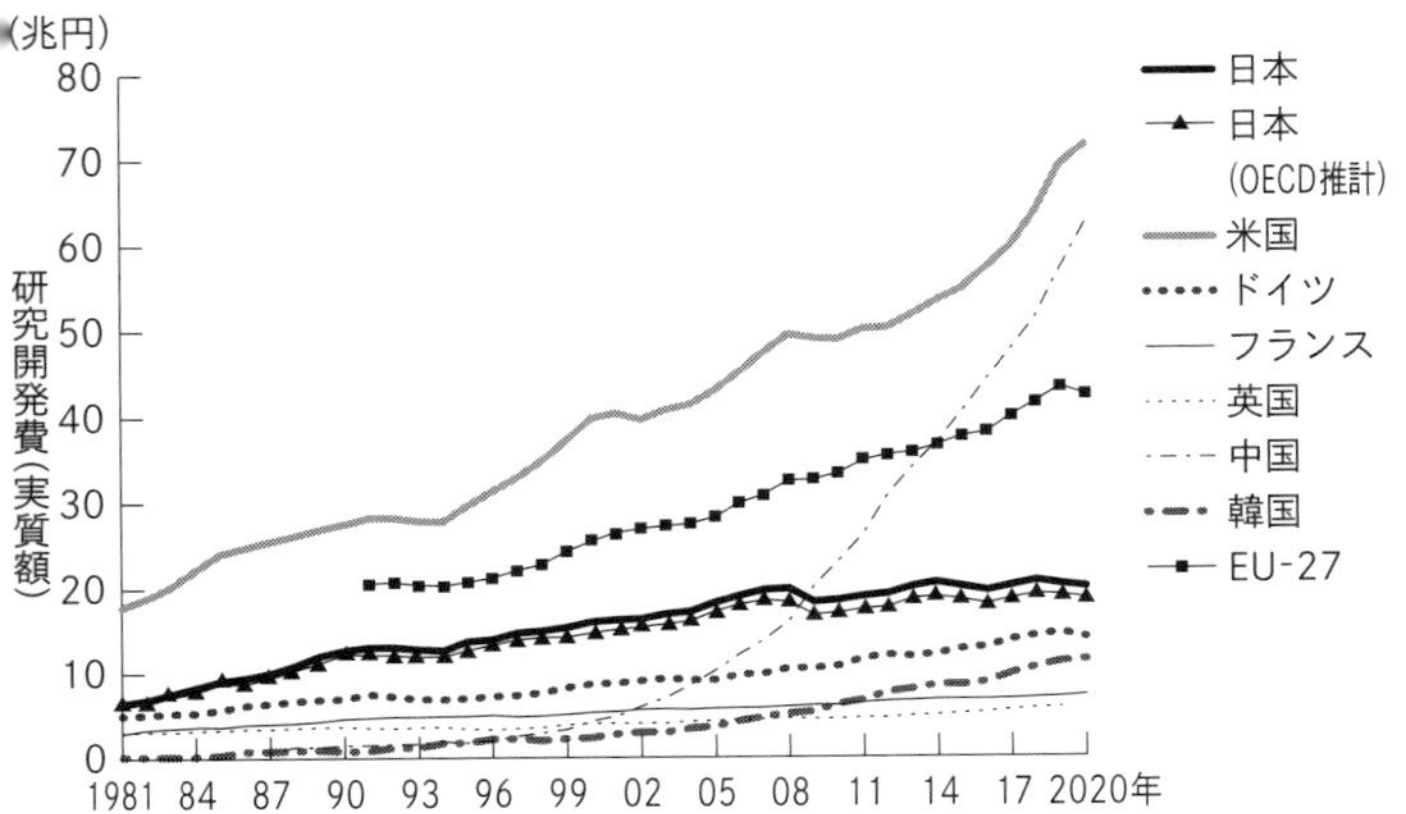

出典：文部科学省　科学技術・学術政策研究所、科学技術指標 2022、調査資料 -318、2022 年 8 月

また研究開発費は、国・地域の経済規模が大きな影響を与えるので、その影響を考慮した国際比較をするために、「研究開発費総額の対GDP比率」（国内総生産に対する研究開発費の割合）についてもみておきたい。

研究開発費総額の対GDP比率において、２０２０年における世界の中で最も高い国は、イスラエル、次いで韓国（両国とも４％超）である。また日本は、世界の中で見ると、比較的高い水準にあるといえる（図表１－13参照）。なお、多くの国・地域でGDP比率が上昇しているのは、新型コロナウイルス感染症の世界的流行に伴うGDP低下の影響によるものである。

図表 1-13：各国・地域の研究開発費総額の対 GDP 比率（2020 年）

国・地域	対GDP比率（%）
イスラエル	5.44
韓国	4.81
台湾	3.64
日本	3.59
スウェーデン	3.53
ベルギー	3.48
米国	3.39
日本(OECD推計)	3.29
オーストリア	3.20
スイス	3.15
ドイツ	3.14
デンマーク	2.96
フィンランド	2.91
アイスランド	2.47
中国	2.40
フランス	2.35
オランダ	2.29
ノルウェー	2.28
EU-27	2.20
スロベニア	2.15
チェコ	1.99
シンガポール	1.89
オーストラリア	1.80
エストニア	1.79
英国	1.71

0　1　2　3　4　5　6%

出典：文部科学省　科学技術・学術政策研究所、科学技術指標 2022、調査資料 -318、2022 年 8 月

そして各国の研究開発への投資水準の推移をみるには、研究開発費総額の対ＧＤＰ比率（図表１－14参照）が参考になる。

日本（ＯＥＣＤ推計）の値は２００８年までは長期的に増加した後、増減を繰り返し、２０２０年は３・２９％となっている。また、日本の値も同様の傾向にあり、２０２０年では３・５９％である。主要国のなかにおいて、高い水準を維持している。

一方で、韓国や中国は、経済規模の拡大と同時に、研究開発費総額の対ＧＤＰ比率も上昇してきている。韓国は、２０００年代に入ると急増し、主要国中第１位であり２０２０年は４・８１％である。中国は、１９９６年以降増加が続き、２０１０年に英国を上回り、２０１３年にＥＵ－27を、２０１９年にフランスを超えるようになってきているのである。なお、２０２０年では２・４０％であった。

これらのことからも、日本の研究開発力が、経済規模を考慮すると、相対的に落ちてきているということがわかるであろう。

②研究開発人材

研究開発では、科学技術活動を支える重要な基盤である研究開発人材（研究者および研究支援者）が重要である。そこで、日本のその状況についても検討しておくことにする。

日本の研究者数は、中国や米国に続く第3位の研究者数の規模で、２０２１年６９・０万人、実数（Head Count：HC）値は95・2万人である（図表１－15参照）。

また各国の規模を考慮して、人口１万人当たりの研究者数（図表１－16参照）の国際比較もみておきたい。

日本（ＦＴＥ）は、２００９年までは、主要国の中で、最も高い数値であったが、２０１０年には韓国、２０１９年にはドイツが日本（ＦＴＥ）を上回った。２０２０年は、日本は５４・１人であるのに対して、韓国は８６・３人である。次いで、ドイツが５４・３人、米国が４８・３人（２０１９年）、英国が４７・４人（２０１９年）、フランスが４７・４人、中国が１６・２人となっている。韓国が一番大きく伸びており、特に２００４年以降の伸びは著しい。欧州諸国も長期的には漸増傾向にある。

以上のことから、日本は、研究開発人材数は、いまだ高い水準にあるといえるが、徐々に優位性が失われてきていることがわかる。

図表 1-14：主要国の研究開発費総額の対 GDP 比率の推移

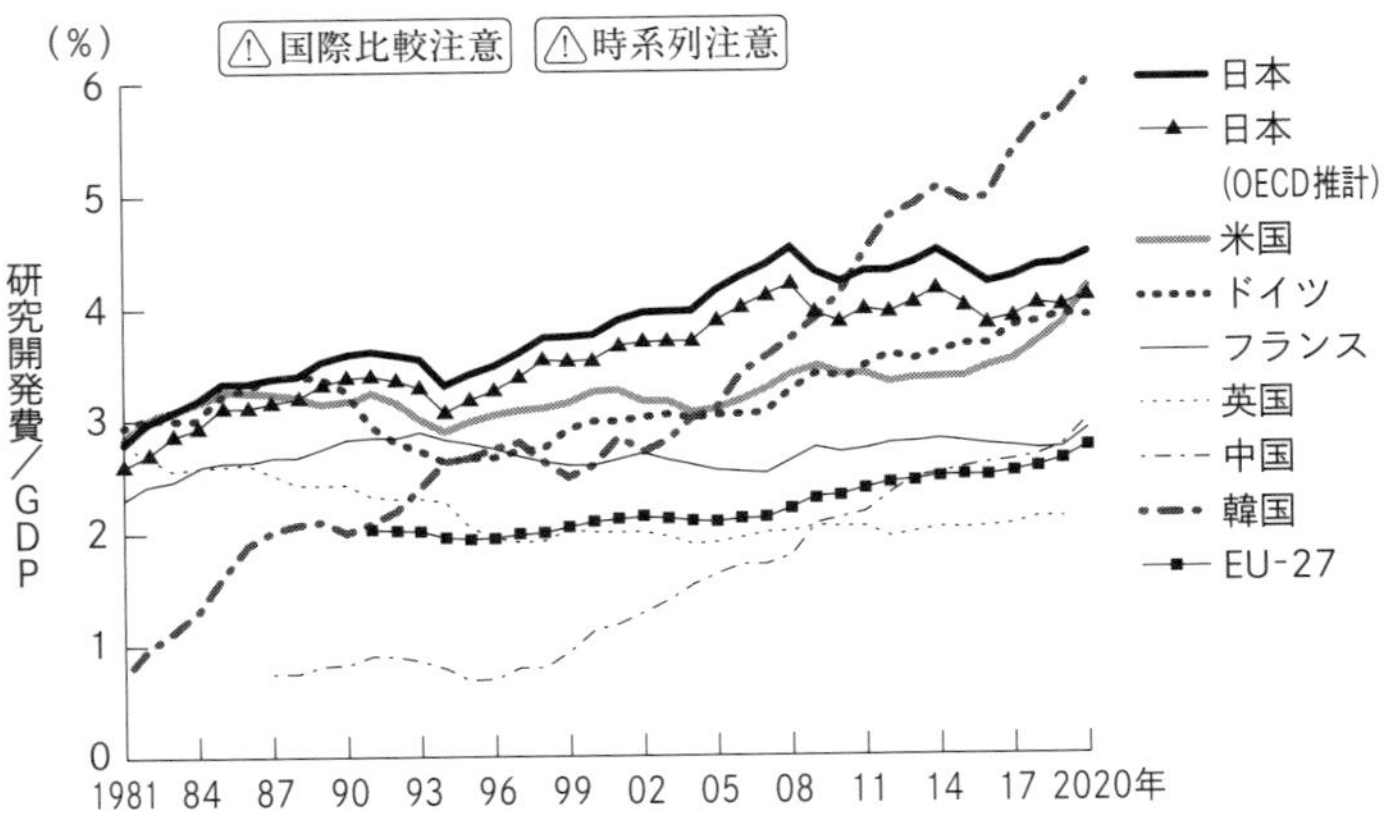

図表 1-15：主要国の研究者数の推移

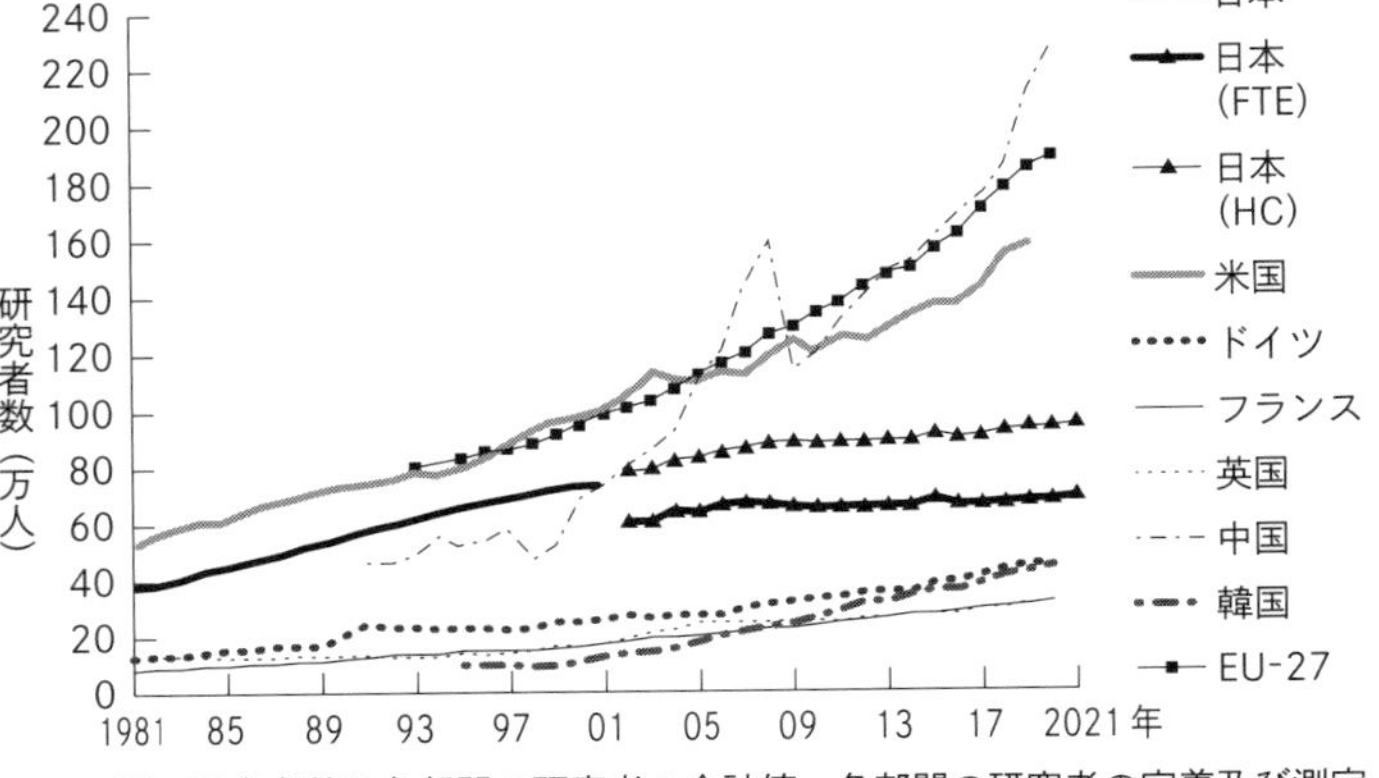

国の研究者数は各部門の研究者の合計値。各部門の研究者の定義及び測定方法は国によって違いがあり、国際比較注意、時系列注意。各国の値はFTE 値 である（日本は HC 値も示した）。人文・社会科学を含む（韓国は2006 年まで自然科学のみ）。

図表 1-16：主要国の人口 1 万人当たりの研究者数の推移

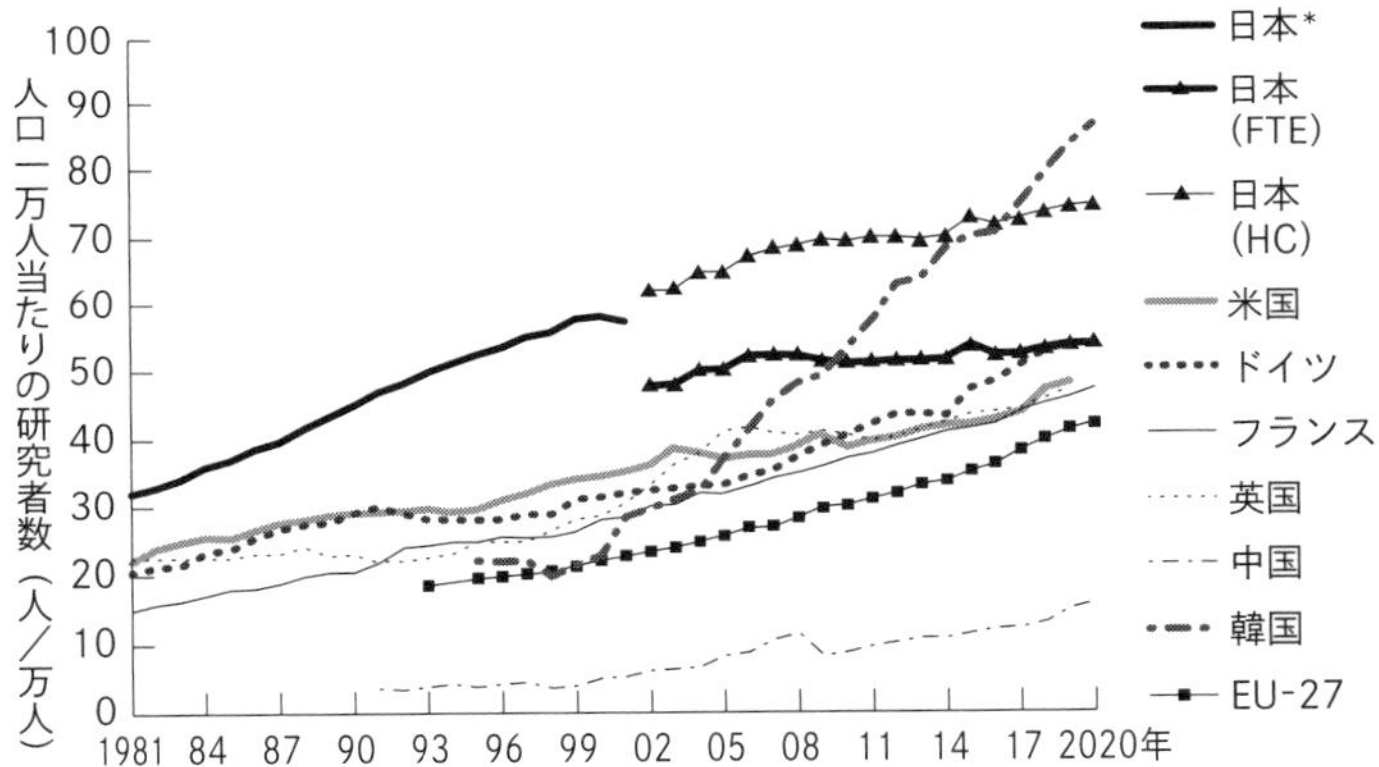

国際比較注意、時系列注意及び研究者数についての注記は図表 1-15 と同じ。FTE とは、「Full-Time Equivalent」の略称で、組織の人員がフルタイムで勤務したときの仕事量を表す単位である。

出典：(図表 1-14 ～ 16) 文部科学省　科学技術・学術政策研究所、科学技術指標 2022、調査資料 -318、2022 年 8 月

③科学研究力

次に、日本の科学研究力についてみておこう。ここでは論文数を一つの指標としてみていく。

「科学技術指標2022」によれば、日本の論文数（分数カウント法）は、1980年代から2000年代初めまで論文数シェアを伸ばし、英国やドイツを抜かし、一時は世界第2位となっていたが、その後低下傾向にあり、最近の2019年（2018－2020年（PY）の平均）時点では第5位に転落してきている。

研究者の発表論文がほかの論文にどれだけ引用されているかを示すデータであり注目度の高い論文数においても、1989年前後は世界第3位であったが、その後徐々に順位を下げ、2019年（2018－2020年（PY）の平均）時点で、その前の時点から2ランクダウンし世界第12位と転落してきている。トップ1％補正論文数も第9位から第10位と低下してきている。なお、同数では、中国が初めて米国を上回り、世界第1位となった。いずれも主要国以外を含んだ順位である。

なお、「科学技術指標2022」では、次のように指摘している。

「国単位の科学研究力は、整数カウント法で計測する『論文の生産への関与度（論文を生み出すプロセスにどれだけ関与したか）』および分数カウント法で計測する『論文の主産への貢献度（論文1件に対しどれだけ貢献をしたか）』で把握する。また、国の科学研究力は、量的観点および質的観点の両方の観点でみる必要がある。量的観点としては『論文数』、質的観点としては『他の論文から引用される回数の多い論文数（トップ10％補正論文数、トップ1％補正論文数）』を用いる。論文の被引用数（年末の値）が各年各分野（22分野）における上位10％（1％）に入る論文数がトップ10％（トップ1％）論文数である。なお、トップ10％（トップ1％）補正論文数とは、トップ10％（トップ1％）論文数の抽出後、実数で論文数の1/10（1/100）に補正した論文数のことである。」

これらの現状および推移については、図表1－17および図表1－18を参照のこと。

これらのことから、費用や人的観点そして成果の観点からみて、日本の研究開発力が、2000年ぐらいから徐々に低下か伸び悩んできていることがわかるのである。

図表 1-17：国・地域別論文数、トップ 10％補正論文数、トップ 1％補正論文数：上位 25 か国・地域（整数カウント法による）

全分野	2008-2010年(PY)(平均)		
	論文数		
国・地域名	整数カウント		
	論文数	シェア	順位
米国	297,349	27.4	1
中国	122,768	11.3	2
ドイツ	82,417	7.6	3
英国	79,352	7.3	4
日本	75,415	7.0	5
フランス	60,908	5.6	6
イタリア	48,970	4.5	7
カナダ	48,717	4.5	8
スペイン	39,870	3.7	9
インド	39,524	3.6	10
韓国	36,854	3.4	11
オーストラリア	33,176	3.1	12
ブラジル	29,845	2.8	13
ロシア	27,377	2.5	14
オランダ	26,570	2.5	15
台湾	22,391	2.1	16
スイス	20,349	1.9	17
トルコ	20,253	1.9	18
ポーランド	18,708	1.7	19
スウェーデン	18,016	1.7	20
ベルギー	15,251	1.4	21
イラン	14,277	1.3	22
イスラエル	10,611	1.0	23
オーストリア	10,565	1.0	24
デンマーク	10,522	1.0	25

全分野	2018-2020年(PY)(平均)		
	論文数		
国・地域名	整数カウント		
	論文数	シェア	順位
中国	466,410	26.8	1
米国	398,859	22.9	2
英国	121,494	7.0	3
ドイツ	114,320	6.6	4
日本	86,317	5.0	5
インド	82,731	4.7	6
イタリア	78,532	4.5	7
フランス	77,529	4.5	8
カナダ	72,223	4.1	9
オーストラリア	68,163	3.9	10
韓国	65,416	3.8	11
スペイン	63,935	3.7	12
ブラジル	54,693	3.1	13
イラン	43,549	2.5	14
ロシア	41,993	2.4	15
オランダ	41,372	2.4	16
スイス	33,849	1.9	17
ポーランド	32,820	1.9	18
トルコ	32,657	1.9	19
スウェーデン	29,612	1.7	20
台湾	26,226	1.5	21
ベルギー	23,361	1.3	22
デンマーク	20,796	1.2	23
サウジアラビア	20,427	1.2	24
メキシコ	17,899	1.0	25

出典：文部科学省　科学技術・学術政策研究所、科学技術指標 2022、調査資料-318、2022 年 8 月

全分野	1998-2000年(PY)(平均)		
	論文数		
国・地域名	整数カウント		
	論文数	シェア	順位
米国	231,096	31.6	1
日本	**71,401**	**9.8**	**2**
ドイツ	65,299	8.9	3
英国	63,958	8.8	4
フランス	47,773	6.5	5
カナダ	30,805	4.2	6
イタリア	30,634	4.2	7
ロシア	26,995	3.7	8
中国	25,864	3.5	9
スペイン	21,163	2.9	10
オーストラリア	19,451	2.7	11
オランダ	17,898	2.5	12
インド	16,721	2.3	13
スウェーデン	14,609	2.0	14
スイス	13,722	1.9	15
韓国	12,106	1.7	16
ブラジル	9,773	1.3	17
ベルギー	9,633	1.3	18
ポーランド	9,326	1.3	19
台湾	9,245	1.3	20
イスラエル	8,778	1.2	21
デンマーク	7,564	1.0	22
フィンランド	6,943	1.0	23
オーストリア	6,821	0.9	24
トルコ	4,889	0.7	25

図表 1-18：主要国の論文数、トップ 10％補正論文数、トップ 1％補正論文数シェアの変化
（全分野、整数カウント法、3 年移動平均）

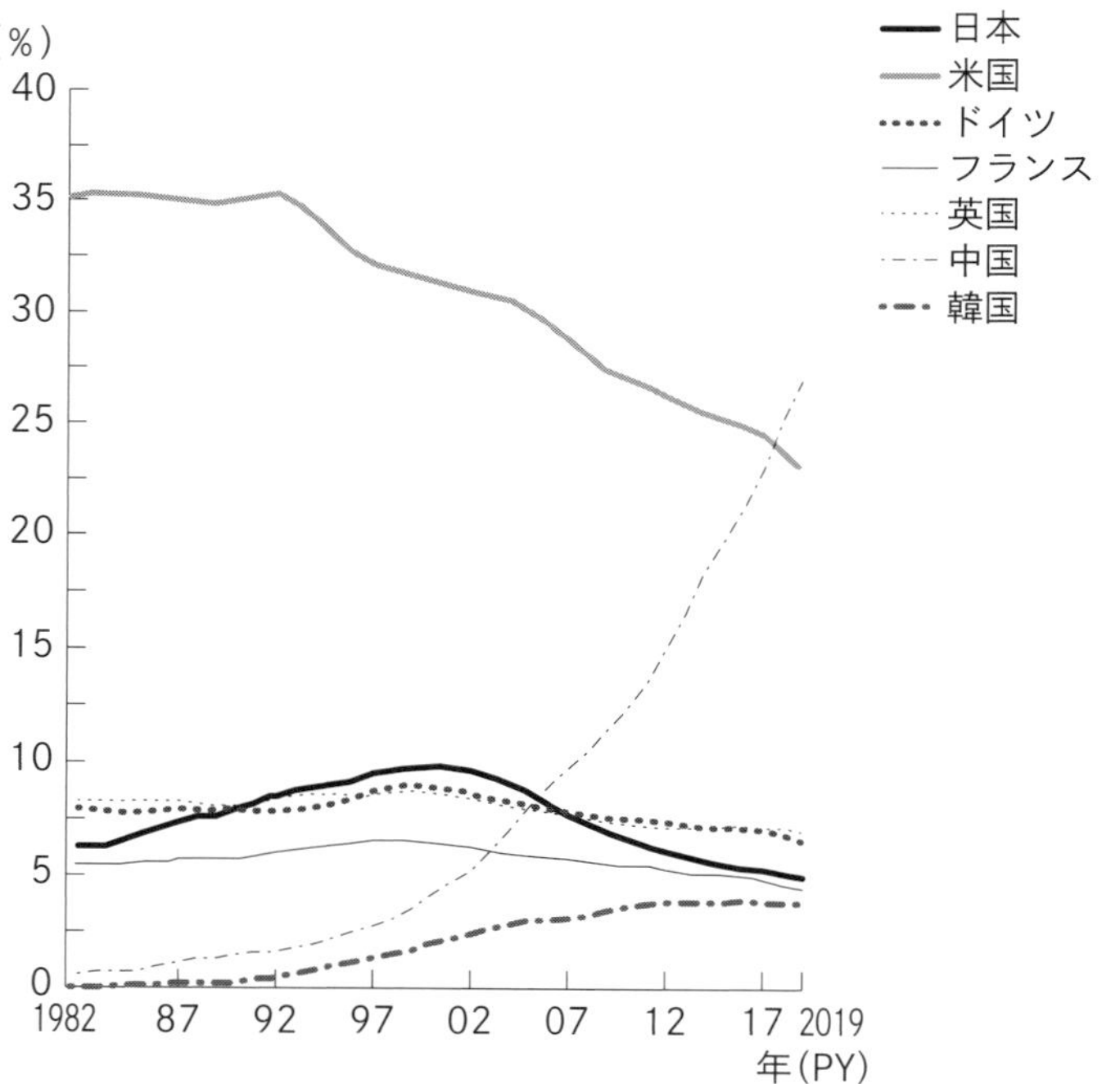

出典：文部科学省　科学技術・学術政策研究所、科学技術指標 2022、調査資料-318、2022 年 8 月

（3）知的源泉としての大学

次に高等教育機関、特に大学は、研究開発機関としての機能も持ち、各国の研究開発システムのなかで重要な役割を果たしており、社会における知を生み出す重要な源泉の一つになっている。そこで、他国と比較しながら、日本の現状および傾向について検討しておく。

①大学（部門）の研究者

大学部門の研究者数に関しては、調査や測定における方法や調査対象等が違うので、国際比較をすることは容易ではない。だが、その傾向を知ることができるし、その傾向を知ることは、国の知的力を知るうえで、重要である。

図表1－19をみればわかるように、日本の大学の研究者数は、頭数だけは増えているが、常勤者数が低下および頭打ち状態にある。

それに対して、同図表から、米国に関しては不明だが、中国、韓国、ＥＵにおける各国では、大学部門の研究者数が増える傾向にあることが明確にわかる。

②大学（部門）の研究開発費

次に大学における研究開発費に関してみていこう。

各国の大学部門の研究開発費をみると、主要国の中で米国が最大の規模（２０２０年８・２兆円）を維持している。中国は、２０１２年に日本（ＯＥＣＤ推計）を超え、２０２０年は４・６兆円であった。ドイツは、２０００年代後半から増加傾向で、２０２０年は日本（ＯＥＣＤ推計、２・１兆円）を超え２・６兆円となった。多くの国々では同研究開発費が増加傾向にある。そのような中、日本の数値は、２０００年ごろから特に、平準化あるいは低下傾向（特にＯＥＣＤ推計では）にあるということができる（図表１－20参照）。

そして、図表１－21の総研究開発費に占める大学部門の割合をみると、国によって上下があるが、日本の場合（ＯＥＣＤ推計）、特に２０００年ごろから、確実に低下してきていることがわかる。

これまでにさまざまな視点・観点から述べてきたことからもわかるように、日本は、この30年で（特に２０００年ごろから）、企業・ビジネス、イノベーション、研究などの多くの面でその力や魅力を大幅に失ってきていることがわかる。これこそがまさに、良い面や優れた面もあるが、日本が今おかれている現状であるということができるのである。

図表 1-19：主要国における大学部門の研究者数の推移

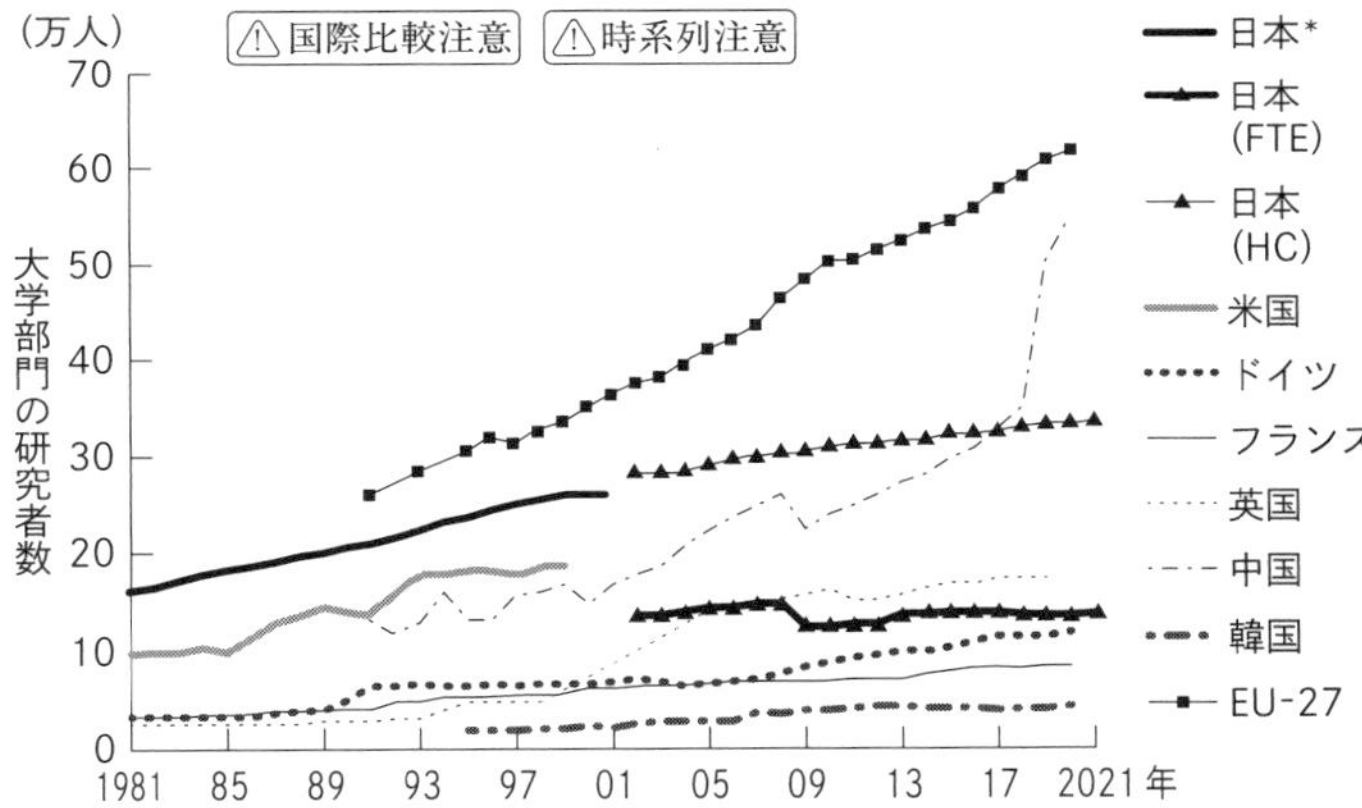

出典：文部科学省　科学技術・学術政策研究所、科学技術指標 2022、調査資料-318、2022 年 8 月

図表 1-20：主要国における大学部門の研究開発費の推移（名目額（OECD 購買力平価換算））

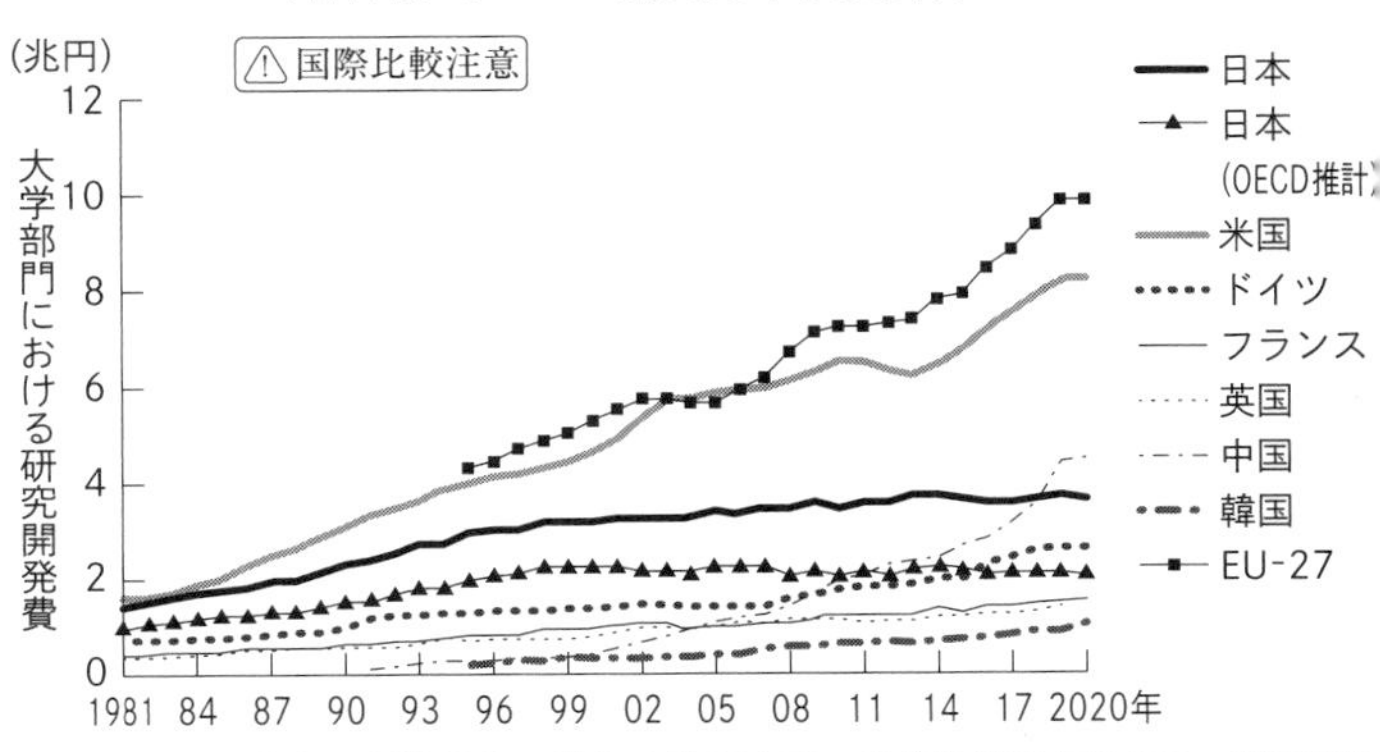

出典：文部科学省　科学技術・学術政策研究所、科学技術指標 2022、調査資料-318、2022 年 8 月

図表 1-21：主要国の総研究開発費に占める大学部門の割合の推移

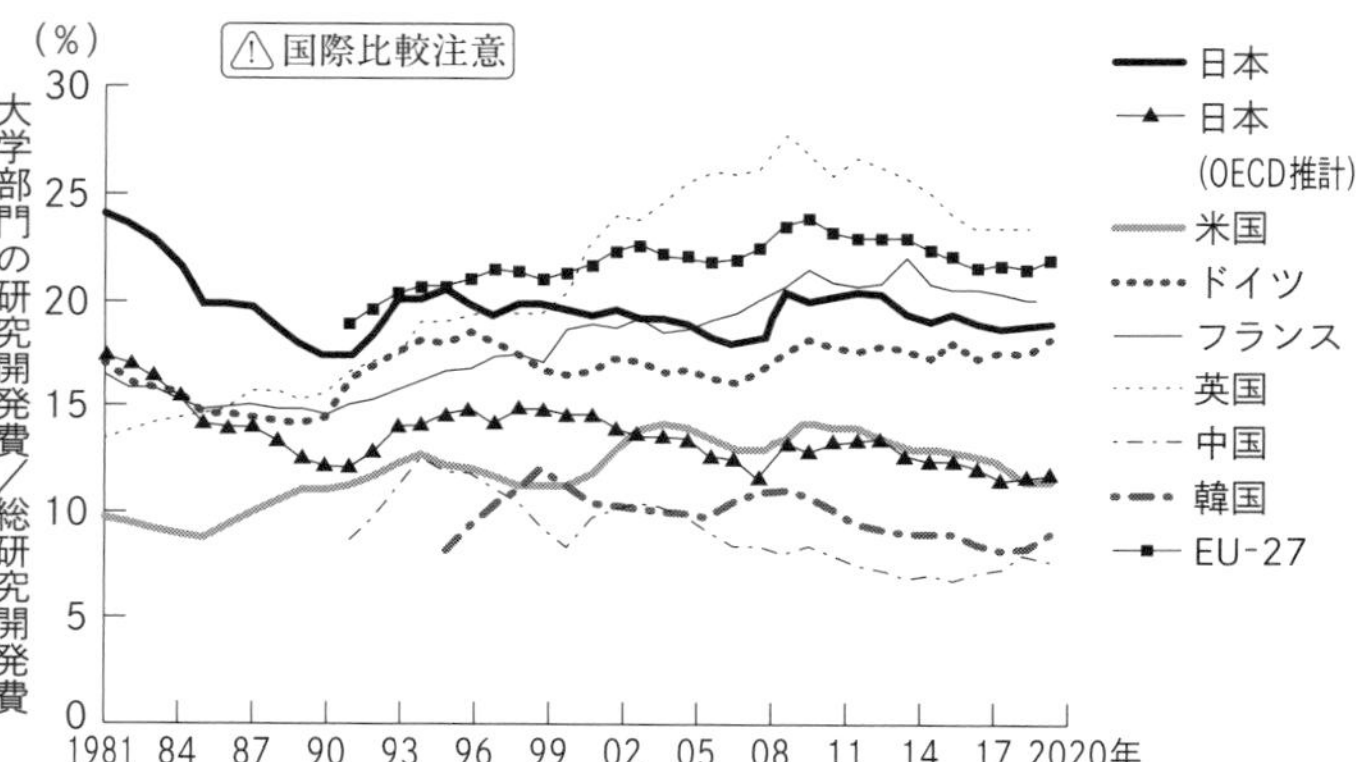

出典：文部科学省　科学技術・学術政策研究所、科学技術指標 2022、調査資料 -318、2022 年 8 月

第2章

東京大学　日本の近代化における発展のエンジン

東京大学　日本の近代化における発展のエンジン

第1章でみたように、現在の日本は、この20年〜30年、特に2000年前後からは、国力やイノベーション力、研究開発力などの多くの点において、その進展や伸びが低位あるいは停滞しており、さらに低下してきている。

それと比べて、他の国々は、増減やその伸びの大小・多少はあるが、傾向としてはそれらの力が伸びてきており、日本は相対的に劣後になってきており、既に先進国とはいえない状態になってきているのである。

そのような現状は、1970年代や80年代の日本においては、全くといっていいほど予想できないことであった。それは逆説的にいえば、70年〜80年代までは日本は、国際社会において、まさに先進国として突っ走っていたということでもある。

そして、その立ち位置の起源は、歴史的にみると、日本の明治維新であり、近代化が始まった時期であるといえるだろう。さらに加えておけば、明治以降の日本の近代化とその結果としての発展は第二次世界大戦での敗戦である意味リセットされゼロになり、その時から始まった復興、これは別のいい方をすると新たな「近代化」（戦後の「近代化」）が始まったわけであるが、その時期に「第二の近代化」の起源をみることができるのである。

その2度の「近代化」において重要な役割を果たしたのが、歴史的かつ実態的にみると今の東京大学（東大）なのである。

そこで、本章では、日本の「近代化」の視点から、東大について考えていくことにする。

（1）日本の近代化と明治維新

まず日本における近代化について考えていこう。

日本の近代化は、明治維新で始まった。それ以前の日本は、徳川家の支配の下鎖国による幕藩体制によって、独自の発展を遂げた。それは、明治政府により封建制度による古く遅れた社会・国と指摘・批判されたが、その実態は必ずしもそうではなく、国際的にもある意味先進的な独自の社会を構築していたが、本書ではそのことがテーマではないのでそれについてはこれ以上言及することはしない。もしこのテーマに関心があれば、参考文献における『大江戸ボランティア事情』（石川英輔・田中優子、1996年）や『三流の維新一流の江戸：明治は「徳川近代」の模倣に過ぎない』（原田伊織、2019年）などを参照のこと。

当時、徳川幕府は、国際情勢について十分な情報を得ており、そこにおける日本の状況も熟知していたが、代将マシュー・ペリーのアメリカ合衆国海軍東インド艦隊の蒸気船2

隻を含む艦船４隻が、１８５３年（嘉永６年）に浦賀に来航し、日本に開港を迫るという、いわゆる「黒船来航」事件などが起きた。

日本は、これらの対外的な脅威などの「未曾有の国難」から大混乱に陥った。その状況のなか、海外への危機感や反発などが生まれ、鎖国を維持し現状を保守しようとする幕府派および君主（天皇）を奉じて欧米列強侵略に対抗しようという思想の尊皇攘夷派との間に対立が起き、京都を中心に多くの命が失われた。

しかしながら、薩摩藩が、イギリスとの戦争などで軍事力の差を痛感して、開国の方向へと舵を切っていく。その後、幕府側からも勝海舟をはじめとする開国派が出てきたり、幕末の土佐藩士であった坂本龍馬などの活躍もあり、長州藩、土佐藩、越前藩等の他の雄藩が開国へと方針を転換し、国全体の流れが大きく変化していった。

そして、第15代将軍徳川慶喜が、１８６７年（慶応３年）10月14日、２６５年間続いた徳川家の政権（「征夷大将軍」という権力）を朝廷に奉還し、翌15日朝廷がそれを勅許するという「大政奉還」という幕末期の一大政治事件が起きたのである。

さらに、１８６７年12月９日には、王政復古の大号令が出され、天皇を中心とする新政府が樹立した。同大号令は、薩長の武力倒幕派によるもので、摂政・関白の廃止、幕府の廃絶、三職の設置などを宣言し、天皇中心の新政府樹立を目指すものであった。これにより、江戸幕府の支配は終止符を打たれると共に、幕藩体制を打倒して天皇を頂点とした中央集権統一国家を形成し、封建社会から資本主義社会へ移行した明治時代初期に始まる近代化改革が開始されたのである。

この近代化改革は、天皇を中心とする（後に制定された大日本帝国憲法（1989年（明治22年）2月11日公布、1890年（明治23年）11月29日施行）では、天皇は統治者と規定され、政治権力のトップとして大きな権力を持っており、「主権者」的存在だった）中央集権の政治体制による近代化を目指したものである。その改革の中心であった明治政府は、時代と共に変化したが、要は天皇の意を実現する政府システム（その実態は、明治維新を断行した薩長土肥の藩閥に関係する人たちが権力を握っていた）であった。

また同政府は、近代化の当初は、制度やみた目を西洋化することで、ヨーロッパ諸国の一員として認めてもらおうとした。また不平等条約の改正なども試みた。だが岩倉使節団などの経験を通じて、日本は世界における自国が置かれた立場を痛感する結果となり、その後の近代化や軍事力を含む国力の増強（別言すると「富国強兵」および「殖産興業」である）に邁進していくことになるのである。

なお、岩倉使節団は、1871年（明治4年）～1873年（明治6年）において欧米に派遣された使節団。同使節団のリーダーは岩倉具視で、木戸孝允、大久保利通、伊藤博文などの明治期を代表する人物をはじめ政府関係者や留学生など計107名が派遣された。その目的は、「西洋の制度や慣習を実際に見て情報収集すること」および「各国の元首への不平等条約の見直しの依頼」であった。

そして、大日本帝国憲法制定後は、「行政」「立法」「司法」の三権は存在・分立していたが、飽くまでも統治者である天皇の下に存在するものだった。

同憲法10条は、「天皇ハ行政各部ノ官制及文武官ノ俸給ヲ定メ及文武官ヲ任免ス但シ此ノ憲法又ハ他ノ法律ニ特例ヲ掲ケタルモノハ各〻其ノ條項ニ依ル」と規定している。これにより、天皇の大権の一つである官制大権および任免大権が規定されたが、その官制大権の対象は、天皇の下における政府組織の実働部隊である行政組織（官僚組織）であった。

さらに歴史的にみてもわかるように、日本は、明治政府を動かす政府組織である行政組織をまず設け、その後にある意味付け足し的に議会（立法府である国会）を設置していくのである。その国会も、大正デモクラシーといわれたような一時期はそれなりに力を持つことになるが、第二次世界大戦で敗戦するまでは、「超然内閣」などという言葉に象徴されるように、日本は、内閣つまり行政組織（さらにいえば、官僚組織）を中心にした国家運営がなされるのである。

ここで、いくつかの説明を加えておきたい。

まず大正デモクラシーとは「護憲運動、普選運動などを含む大正期の政治現象をいう…（中略）…大正デモクラシーを（1）政党勢力、政党政治の発展という側面からとらえる視点と、（2）民衆運動、民衆闘争の展開過程から把握する視点とに大別できる。…（中略）…前者からすれば桂軍閥内閣に対する第1次護憲運動（1912～13）に始り、原政党内閣成立を経て清浦特権内閣を打倒し普通選挙制度を実現した第2次護憲運動（24）までが主要な対象となる。思想的側面では吉野作造の民本主義、吉野、福田徳三、新渡戸稲造、穂積重遠、大山郁夫らの設立した黎明会（18）の主張、初期の新人会の思想が重視される。これに対して後者は、大正デモクラシーを日露戦争後から大正末期、昭和初年にかけての広範な人民諸階層の運動であったとする。そしてこの運動を推進させた要素は、自由主義者と社会主義者の提携による普選運動、『大阪朝日』『報知新聞』『東洋経済新報』などのジャーナリズム、片山潜らの議会政策派、下層ブルジョアジーの対政府運動などから成るとしている。」（ブリタニカ国際大百科事典）

また超然内閣とは、政党内閣の反対概念で、大日本帝国憲法下において、政党に基礎を置かず超然主義にたった内閣に対して使用された言葉のことである。

そして、日本は、近代化に成功し、他国に植民地化されることなしに、不平等条約の改定に成功すると共に、いくつかの国際的戦争や第一次世界大戦などで勝利し、世界が認める列強の一角を占めるようになる。それは、明治維新以降の近代化政策が、ある意味非常に成功したということを意味するということができる。

そして、ここでいう「行政組織」「官僚組織」は広義で用いており、軍組織も含んでいる。その意味で、日本は、第二次世界大戦前、実は天皇制の名を借りた官僚・軍人による専制（特に高等文官試験合格の官僚および陸海軍大学校卒の軍人による専制）であった。なお、同大戦後には、民主化政策の下で、軍組織は解体された。

しかしながら、その結果として、日本は、高い自己認識を持つようになると共に、当時の欧米列強からのけん制を受け、その対応などの結果として、第二次世界大戦に突入していった。その初戦では勝利を得たが、長期戦化するなか、日本は次第に孤立化し、資源が枯渇し、国内空襲や原爆投下などで戦況が急激に悪化した。そして、日本は、1945年8月15日、連合国の降伏を要求するポツダム宣言を受諾し、敗戦したのである。

その敗戦後、連合国最高司令官総司令部（General Headquarters, the Supreme Commander for the Allied Powers：GHQ）が、日本を占領し、ポツダム宣言を執行するための占領政策を実施し、国民主権・基本的人権の尊重・平和主義の三つを基本原理として、天皇は日本国および日本国民統合の象徴と規定され、国民主権を規定している日本国憲法の制定（1946年（昭和21年）11月3日公布、1947年（昭和22年）5月3日施行）をはじめとする民主化政策をとったのである。

だが、日本という国の運営においては、天皇主権から国民主権の民主制に代わると共に、公職追放（パージ）やレッド・パージなどで一部の官僚の排除は行われたが、戦前からの官僚組織は残存・温存され、第二次世界大戦後は、堺屋太一の言を借りれば、「民主主義の名を冠した官僚主導制」（「第30回　戦後官僚主導体制は何を作ったのか」（AERAdot.10th、２０１５年11月６日））になったのである。

なお、公職追放とは、「重要な公職から特定の者を排除する制度。昭和二十一年（一九四六）一月に出された連合国最高司令官の覚書に基づき、国会議員、官庁職員、地方公共団体の職員や議会の議員、特定の会社、協会、報道機関その他の団体の職員などに適用され、軍国主義者、国家主義者とみなされた者はこれらの公職から追放となり、政治上の活動を禁止された。同二七年四月の対日講和条約の発効に伴い、自然消滅。」（精選版日本国語大辞典）のことである。

またレッドパージ（Red purge）とは、「共産党員やその同調者を公職または民間企業から罷免解雇すること（公職追放）。日本では占領下の１９４９年以後翌年の朝鮮戦争の時期にかけてＧＨＱの指示により多数の追放が行われた。公務員、労働者、ジャーナリス

ト など1100人以上がその地位を追われた。」(平凡社百科事典マイペディア)ことである。

そして、日本において、第二次世界大戦後の復興がなされ、高度経済成長が実現されると、「親方日の丸」や「日本株式会社」という言葉に象徴される官主導による国家運営や経済政策に賞賛や批判も生まれ、日本社会における官僚機構・官僚の役割への注目が高まることになったのである。

その後官僚組織は、政治との関係における力学は時に変化した。たとえば、本来の政策通として政策決定に関わる以上に、政官業のトライアングル関係のなか、政治資金や選挙での票を得るために、業界の要請を受けて関係省庁の政策決定に影響力を発揮する各専門分野で権力を発揮する議員である「族議員」などの誕生で、政治がある程度影響力を有することなどもあったが、戦後の全体方向性は、行政である官僚機構が中心の政策形成や政治が行われる官僚主導が、官僚機構の調整機関としての内閣と官僚機構への陳情団としての国会議員(特に与党議員)とのセットで、機能したのである。

しかしながら、日本でも、1980年代後半ぐらいから、そのような官僚機構中心の政策形成や政治対応の行き詰まりが認識され、その変革や改革の必要性が高まるなか、1990年代頃から2010年頃まで、政治主導の実現や行政改革などを図るさまざまな試みが行われた。その結果として2009年には本格的な政権交代が実現した。

だが、そのような政策形成過程の改革や政治改革も、２００９年に起きた政権交代で生まれた民主党政権の失敗と自滅によって、２０１０年代に中途半端な形で終わり、国民の改革への期待も急速に低下してしまい、現在に至っている。

その改革およびその失敗の結果として、現在の日本は、表面的には「政治主導」という体裁をまぶしてはいるが、相変わらずの官僚機構・官僚中心の政策形成が残滓として形作られている状態になっているということができる。

それは、別言すると、表面的には政治が行政をコントロールできるようになってはきているが、本質的には政策形成自体は相変わらず行政である官僚機構・官僚に依存しており、また政治の側が、その質と量的の関係から、有効かつ機能的に行政を活用したりできるようになっておらず、全体としての政策形成や政治が機能的低下してきているのである。

また、行政も、「政治主導」が建前なので、ある意味（で良い捉え方をすれば）以前のように自由闊達に機能できなくなっており、様々な問題・課題も生まれており、政策形成でも以前ほどは有効に機能できなくなってきているのである。

要は、官僚機構・官僚は、日本の政策形成や政治において、現在も中心的な役割を占めているが、ある意味「歪な官僚機構・官僚中心の政策形成」状況が形成されているということができるのである。そのために、日本の現在および今後に向けて有効な役割を果たせていない状況（その結果こそが、第1章でみた日本の現状になっているといえる）が生まれてきているのだ。

そして、そのことは、日本に新しい政策形成や政治のあり方が必要であり、そこにおける新たなる役割やプレーヤーが求められているということであろう。しかしながら、そのテーマは、本書のメインテーマではないので、ここまでで止めておきたい。

そしてこれまで述べてきたことの重要なポイントは、日本は、明治維新以降の近代化や国家運営は、主に官僚機構・官僚を中心になされていたということである。そして、その官僚の養成・育成組織こそが、「東京大学（東大）」だったのである。

そこで次に、東大について検討していきたい。

(2) 近代化における東大の役割

明治政府は、日本が、国際社会においてヨーロッパの先進国（当時）に肩を並べて（いわゆる「西洋に追いつく」という国家目標である）、認められるには、近代化を短期間で実現する必要があった。そのためには、政府は、日本の国力を中央集権的に集約し、日本の方向性を決め、政策を実現していくことが必要であり、それこそが、当時の限られた資源や条件において最も効率的かつ効果的だったのである。

そこで、明治政府は、薩長土肥出身者を中心とする専制体制であったが、その体制が実際に政策などをつくり実行し、国家を運営していくための人材が必要であった。同政府は、その観点から、教育制度や教育機関（特に高等教育機関）を設置していったのである。

教育は、幼児教育から高等教育までさまざまな段階や要素があるが、本書では、国家運営の人材に焦点を絞るために、高等教育機関に焦点を絞って考えていきたい。

明治維新後、同政府は、いくつかの高等教育機関を設置し改革しようとしたが、和漢洋学派などの対立等でとん挫したのである。

東京には当時、官立洋学校の開成所・医学所の後身である南校・東校が、将来において高度の専門教育機関となる整備がはじまっており、文部省直轄の高等教育機関として存在していた。また同時期には、東京をはじめ各地にも、明治政府直轄の長崎医学校・舎密局（大阪）、慶応義塾・三浅学舎・攻玉塾などの洋学私塾、東京洋語学校・名古屋洋学校などがあった。それらの教育機関は、分野にもよるが、南校・東校とも比肩しうる高い水準の洋学教育を行なっていた。

このような時に、小学校から大学校までの学校制度である学制が、1872年（明治5年）に発布された。高等教育機関に関しては、その後も紆余曲折やさまざまな試みがなされていくことになる。

そのなかで東大に関しても同様の紆余曲折やさまざまな変遷があった。

東大は、明治政府が設立したが、旧江戸幕府以来のそれぞれ独自の歴史を有する、東京開成学校（開成所⇓大学南校の後身）および東京医学校（医学所⇓大学東校の後身）の2つの官立洋学校は、1877年（明治10年）4月12日に統合されて、文部省管轄の官立「東京大学」（日本初の近代的な大学）として設立されたのである。

そしてその後、同大は、1886年（明治19年）に公布された帝国大学令により、日本の旧制高等教育機関（大学）である帝国大学（略称：帝大）となる。また1897年（明治30年）に京都帝国大学が設立されたことに伴い、東京帝国大学となった。第二次世界大戦後の1947年（昭和22年）に東京大学へ改称し、1949年（昭和24年）に新制国立大学である東京大学（現在は国立大学法人東京大学）に転換されたのである。

このようにして、東京大学は、日本国家・政府を運営していく人材育成の陣容を整えていくが、明治時代の当初は、東大だけがその運営を担う人材（官僚）を養成する機関であるとは必ずしも考えられていなかった面もあったようだ。

先述したように、明治時代は、幕末における討幕運動に貢献した薩摩藩と長州藩が政府を大きく動かした時代であった。

日本は、当時は、イギリスやフランスなどのヨーロッパ諸国やアメリカなどと対等な関係を築くために、それらの国々が有する技術と制度・能力に並び立つものが必要不可欠な状態であった。その一つとして、日本を法で国家を治める法治国家にするために、近代憲法の制定が重要な条件であった。

その際に、どの国の憲法や政治体制を参考にするかの問題、より具体的には、君主に政治の方針を委ねる君主大権を残すドイツのビスマルク憲法にするかあるいは、国会に強い権力を与えて、民意を政治に強く反映させ、天皇の権限はイギリス国王の「君臨すれども統治せず」の方針であるイギリスの議院内閣制を採用した憲法にするかの問題や国会開設方法で争いを繰り広げ、明治政府内部は大きくもめていた。

他方で、明治政府の近代化のなかで、政府軍として戦った士族などのなかには、士族などの特権が奪われたり、自分たちの主張が明治政府に反映されていないことに不満を抱くものが少なくなく、国内における不満が高まっていた。

そして、1873年の征韓論争に端を発する明治6年の政変やその後の国内での乱、そして西南戦争（1877年）が起きたりしたのである。しかし、西南戦争終結以降は、日本国内では、政府の政治に民意が反映されていないという観点から、政商などに有利な対応をする明治政府に対して、民衆の声を聞けと訴える自由民権運動が全国規模で活発化し、民撰議院（国会）の設立へ機運が高まっていったのである。

そのような時期に起きたのが、1881年の明治14年政変である。上述したような、明治政府内での憲法の制定に関する論争のなかで、プロイセンモデルの専制的な立憲制度を主張した伊藤博文らの薩長の政治家が、イギリス型の議院内閣制を大隈重信らと対立していた。その中で、さまざまな確執・思惑や行き違いなどが絡み、開拓使官有物払下げ事件や政府外の自由民権運動陣営とのつながりなどを口実に、伊藤博文らが大隈重信を政府から追放したのである。

これにより、プロイセンモデルの立憲的考え方や制度が採用され、日本の近代の方向性が決定したのである。だが、同政変にはもう一つ別の重要な要素があったのである。

それは、当時は、先述したように、東京大学以外にも、慶応義塾をはじめとする高等教育機関があり、人材が輩出されていた。そして、明治政府においても、慶応義塾で学んだ人材が活躍していた。明治元年のころ、東京の上野で戦争が起きたが、『天皇と東大（上）』（立花隆、文藝春秋、2005年、p120）によれば、「実際、開成学校など、名のある洋学校はこの大騒動中、みんな閉鎖されていたのである。その後も、明治新政府が、大学南校などの形で洋学教育を復興するまでの間、日本で洋学教育をちゃんとやっているところは、慶応義塾だけだった」のである。

そしてまた特にその有力者の一人である大隈重信系の官僚には、大隈が福澤諭吉に近かったこともあり、慶応義塾出身者・福澤門下が多かった。

だが、明治14年の政変によって、福澤諭吉は拒否していたが一時任官しようとしていたことがあった明治新政府の福澤に対する態度が急変するとともに、尾崎行雄、犬養毅、中上川彦次郎、矢野文雄などの多くの若手官僚が官界から追放されたのである。その後は、慶応義塾は、「実業界に強い」という言葉の裏返しともいえるように、その卒業生が官僚になることは難しくなったのである。

このような政治上における変化とともに、制度上の変更も行われた。

内閣制度が1885年（明治18年）12月に始まり、伊藤博文が初代の内閣総理大臣に就任した。

伊藤内閣は、明治政府をけん引していた旧薩摩藩・長州藩出身者で占められていた藩閥政権に対する批判に対応するために、官吏（現在の公務員）の任用基準を明確化するために、1887年（明治20年）に文官試験試補見習規則を制定した。これにより、現在の公務員試験に繋がる資格任用やメリット・システムに基づく試験制度がはじまった。

メリット・システムとは、公務員の任用・昇進等を試験成績と能力の実績に基づいて行うという制度であり、行政の能率向上と中立性の確保のために確立された近代公務員制度下における科学的人事管理方式のことである。それ以前に行われていた情実人事や猟官制（スポイルズ・システム）は、公務員任免を政党的情実によって決定する政治的慣習であり、その任免では能力やスキル不足などから、行政の能率や機能、また中立性などの点で問題があったために、そのような新たなシステムが採用されるようになったのである。

公務員採用試験は、同制度に基づき、エリート官吏である奏任官の任用資格付与のための「高等試験」および、一般官吏である判任官の任用資格付与のための「普通試験」という2種類がつくられた。なお、局長以上は、勅任官として試験とは無関係に、天皇や政府の推薦で任用された。

ところが、文官試験試補見習規則においては、高等試験合格者以外に、帝国大学法科大学、文科大学卒業生は当初試験免除での任用が認められていた。

当時帝国大学卒業生は、無試験で官僚になれたばかりでなく、当時の総理大臣名の内訓において、大学卒業時の点数で官僚の俸給が決まるという仕組みが導入された。これにより、法科大学卒業生は、点数重視になり、司法官（法曹）よりも行政官僚への指向を高めたのである。当時徳富蘇峰は、これらのことで、大学（東大）を官吏養成所にしたと厳しく批判していた。

そのために、高等試験が1888年（明治21年）に開始されたにもかかわらず、任用された官吏の多数は帝国大学出身の無試験任用者が多数を占めた。そのために、明治維新後、維新を遂行した薩摩、長州、土佐、肥前などを中心にした出身者が政府の要職を独占して結成した政治的な派閥である藩閥が、新たに任用された官吏に対して強く抵抗したのである。

このような状況を受けて、伊藤内閣は、帝国大学卒業者の無試験任用および任用における藩閥の影響を排除するための改革を行い、1893年（明治26年）10月に、無試験任用制度は廃止し、奏任官の任用は文官高等試験（高等文官試験、いわゆる「高文」）を原則とする文官任用令および文官試補及見習規程を制定した。

また、外交官、領事官およびそれを補助する在外公館実務職員は、1893年9月の外交官領事官及書記生任用令および同年10月の外交官及領事官試験規則に基づいて任用試験制度を開始したのである。

しかしながら、帝国大学法科卒業生は、学習内容やその指導教官等との関係から試験科

図表 2-1：文官高等試験 大学別合格者数（人数）

順位	行政科（明治27～昭和22）	外交科（明治27～昭和16）	司法科（明治27～昭和15）
1	東京大学（5,969）	東京大学（471）	東京大学（683）
2	京都大学（795）	東京商科大学（現一橋大学）（93）	中央大学（324）
3	中央大学（444）	東京外国語学校（現東京外国語大学（18）	日本大学（162）
4	日本大学（306）	早稲田大学（10）	京都大学（158）
5	東京商科大学（現一橋大学）（211）	京都大学（10）	関西大学（74）
6	東北大学（188）	九州大学（6）	東北大学（72）
7	早稲田大学（182）	東北大学（5）	明治大学（63）
8	逓信官吏訓練所（173）	慶応大学（5）	早稲田大学（59）
9	明治大学（144）	東亜同文書院（4）	その他省略
10	九州大学（137）	中央大学（2）	
	その他省略	その他省略	

出典：『日本の官僚：役人解体新書』（村川一郎、丸善ライブラリー、1994年）（立花（上、2005）p21より再掲）

目や試験委員などの点で、圧倒的に有利な立場にあった。その結果、東大の政府・行政官僚機構における幹部の多数を占め（図表2－1参照。試験合格者のすべてが任用されたわけではないが、その傾向を知るうえで貴重なデータであるといえる）、中心的な役割を担い、特権官僚の中核を形成していくのである。

当時の東大と政府（官僚）の関係性は、独特な考え方が存在していた。それは、帝国大学令を作成した、文部大臣森有礼などが有していた、大学は大学（学問）のためではなく、国家のためにあり、大学教育にかかわる者は優先して国家に貢献すべきという考え方があったからである。そのために明治時代の大学教授は、高級官僚を兼務していた。特に法学部の場合には、兼務が常態となっており、政府の役職の兼務は教授にとってステータスでもあった。現在も、中央政府の審議会や委員会などで委員を務めることが、大学教員のステータスになっているのはその名残なのかもしれない。

この点に関しては、少し長くなるが、『天皇と東大（上）』（立花隆、p116～p117）が、次のように書いている。

「潮木守一は、『京都帝国大学の挑戦』の中で、次のように述べている。

『その当時の東京の方か大学の教授たちは、さまざまな形で行政官僚と結びつき、国政のなかに活躍の場をもっていた。…（略）…彼らは単に大学教授であったのではなく、むしろ行政官だったのであり、もしかしたら、行政官であることの方に、より多くのアイデンティティをもっていたのではないかとさえ思える。（略）そのことを端的に示すのが、大学教授の行政官兼務という事実である。つまり後の時代の大学教授とは異なって、明治期の東大教授は大学の教師であると同時に、高級官僚としてのポストをも、あわせもっていたのである』

潮木は、その具体的事例として、次のような例をあげている。

『たとえば梅謙次郎の場合をとってみると、彼は明治23年より43年8月に死亡するまで法科大学教授であったことは事実であるが、それと並行して、24年には農商務省参事官を兼ね、30年10月より31年7月までは、法制局長官兼内閣恩給局長という要職にあった。さらに明治33年10月には文部総務長官（文部次官と同じ）にまでなっている…（略）…』

しかし、このようなことは、法学部に限って起きたことではなく、工学部、農学部、理学部などでも、高級官僚を兼務する大学教授（これは東京大学の教授を意味している）の存在は珍しいことではなかった。」

このように、東大と政府・行政（官僚機構）は、考え方および人的に結びついた関係と存在にあったのだ。

ところで、日本の中央官庁の官僚機構は、明治時代に試験任用制度が確立されて以降、基本的にはその幹部候補であるキャリア官僚は法・経・行政系などの文系人材（特に法学系）が中心となっている。

なお、キャリア官僚（キャリア）とは、難関である国家公務員採用総合職試験（旧国家Ⅰ種試験）に合格し、幹部候補生として中央省庁に採用された国家公務員の俗称。キャリアでない公務員はノンキャリアと呼ばれる。現状は、日本の高級官僚ポストのほとんどは、若干の変化もあるが、キャリア組が独占している。

明治政府は、政府・行政を中心に、近代化に向けて国家運営を行った。その近代化は、西洋諸国に追いつき、肩を並べ、それらの国々に近代国家として認められることであった。そこでは、明治時代における特に最初のころは医者、次にエンジニアが求められた。だがその次には、特にこの日本の近代化の対応において、国・政府が必要としたのは法科大学（法学部）で養成された法曹および行政官僚であった。前者の法曹人材は、日本を法制度が機能する法治国家にするためにはじめは重要度が高かった。ところが明治30年（1897年）代はじめには、条約改正問題など政府の業務が増えていったこともあり、後者の行政官僚人材への需要が高まり、重要になっていったのである。

そこで必要とされた官僚は、大学で学んだ法学の知見や素養を基に、当然に他の国々の制度・法律や仕組みから学び、日本社会に適するように微調整をされたものを採用するキャッチアップ型の思考と行動をとることのできる人材であった。

　このような方向性は、1882年（明治15年）ごろの東大では、正則課程では英仏独語が全て用いられ、ワンランク下のクラスである別課においてのみ日本語が使われていたことにも表れていた。要は、外国人教員が多かったこともあったが、海外の情報を学ぶことが東大では重視されていたのである。正に海外の先例を学び、それを日本に取り入れるという今日も続いている対応モデルが、この時期に構築されたといっていいかもしれない。

　そのような対応のできる人材の需要は、第二次世界大戦の敗戦を挟んではいるが、同大戦の前後でも、ある意味大きく変わることがなかったのである。

　そして、そのようなキャッチアップ型の近代化や国家の開発では、社会の状況を調査・研究・分析して、新しい政策や法律・制度などをゼロからつくるような人材は不要だったのである。短期間で国を近代化するには、他国に既にある社会のルールや制度・政策・法律を短い時間で的確に把握・理解でき、日本社会に適合するように調整・対応できる人材こそが必要とされたのである。その人材とは、研究・分析能力よりも、法律的素養があり、与えられものを容易に理解・解釈できる者である。それは、正に、法学部出身者だったのである。

日本の法学部の授業は、筆者が学生であった時、そうであったが、行い言語、文章をつくる立法や政策立案について学ぶというよりは、基本的には今ある法律の理解や法律の解釈に重きが置かれている。それは、正に日本の明治以降の近代化において必要とされてきた人材の育成の方法が体現されているということができるのである。

上述のこととも関連するが、『天皇と東大（上）』（立花隆、p19～p20）は、次のように指摘している。

「（日本のもつさまざまな欠陥の実態の一つとして（注）筆者追記）東大型の秀才（いわゆる学校秀才）の頭の特徴は、人から教えられたことを丸暗記的に覚えこみ、それを祖述する（その通りに繰り返す）ことは得意とするが、自分の頭で独自にものを考える、クリエイティブな思考は苦手ということであろう。

日本の学校教育のシステムは、このタイプの秀才がよい成績を上げるようにできている。・・・（中略）・・・東大を卒業したあとに、そのような秀才が各界にエリートとしてふりまかれていくから、日本では、エリート層全体のクリエイティビティが低い。

東大秀才のこのような欠陥を、明治時代にドイツから招かれて法学部の教官をしていたハインリッヒ・ヴェンティヒが早くも指摘している。

『極めて稀少なる例外を除き、予の検閲したるすべての試験答案に共通なる特質は、出来得る限り、自己の独立の判断を避けんとするの傾向是なり。是等の答案は実際一、二講義筆記の全文を暗記し、往々其儘之を答案に記載したるに過ぎず』（「東大法学部は『湯呑み』を量産している」）

東大秀才は、教師から教えられたことをきちんと覚え、上司からいわれたことはちゃんといわれた通りにすることができるが、自分独自の考えをのべるとか、自分独自の発意でことをどんどん進めていくといったことが、うまくできないのである。

日本の社会のあちこちに、この手の学校秀才の末裔がのさばっていて、小リクツをつけては、クリエイティビティが高い人や、率先行動するリーダーシップ能力が高い人の足を引っぱることに熱中していることはよく知られている通りだ。

これは、東大型の秀才の欠陥が、日本の社会全体のゆがみを作り出している一例である。」

この批判は正に、日本の近代化において、政府が必要としていた人材の要件ともオーバーラップするものである。それは、日本では明治維新以降から第二次世界大戦後まで、他の先例を真似・咀嚼し、日本社会に適合する形で導入・実現する人材が必要とされ、求められてきたことを意味するのである。

しかも、東大卒の人材にとり、現在の社会の仕組みは有利につくられている。それは、彼らにとっては、今の社会にたとえ問題・課題があっても、それを大きく変えれば自分にとって有利なことを失うことを意味することになり、現状を大きく変えようとするインセンティブは当然に持ち得難いということになるのである。

さらに日本社会では、東大が日本における大学のモデルとされてきたために、他の大学も、その仕組み・枠の中で構築されてきており、点数や偏差値などが重視される人材養成のやり方が行われ、同様に現在に至っているということができるであろう。

この点に関しては、別のコンテクストにおいてではあるが、次のような意見がある。

「デジタル革命の動向に背を向けていました。その大きな理由は、全国の大学の階層関係が明治時代以来ほとんど変わっておらず、したがって階層の中での各大学の位置がほぼ安定的で、国内外の変化に目を向ける必要がなかったからではないでしょうか。世の中の変化に関係がなければしいて教育の方法を変える必要はなく、変える必要がなければ新しい教育方法を開発する必要性もない、ということだったのではないでしょうか」（『教育の未来　変革の世紀を生き抜くために』、安西祐一郎、2022年、p210～p211）

そして日本は、このようにして、その近代化のプロセスで必要とされた東大モデルで養成・育成された人材によって、第二次世界大戦まではある意味で近代化に成功する。しかしながら、当時も、日本は、他の西洋の先進国モデルを追求するだけで、それらの国々と同様の対応・やり方以外あるいはそれらを超えた新しいモデルや手法を提示できず、国際社会の中で、行き場を失い、敗北していったのである。本来は、日本は当時そのことに気づくべきだったのだろう。

だが同大戦後、焼土と化した国土を復興させ、欧米先進国に追いつこうとしたキャッチアップの時期においても、時代は異なるが、その状況が明治維新の国際社会および国内における日本の厳しい状況とある意味で類似していたこともあり、戦前同様の官僚・行政中心の国家の発展と運営の手法が取られ、同様な大学での人材の育成と活用のされ方が適用されたのである（当時は別の新たなモデルを構想・構築する余裕も時間もなかったのも事実であろう）。そして、ある意味、そのモデルの再採用で成功をおさめたのだ。ここでいうモデルには、官僚・行政中心や東大だけではなく、中央集権（中央政府中心主義）などの他のいくつかのシステムも含まれるが、本書では、それ自体がメインテーマではないので詳述はしない。

それ自体は、世界史的にみても、正に奇跡ともいえる素晴らしい結果を生み出したということができるであろう。

その成果は、もちろん官僚・行政主導の国家運営だけで生まれたものではない。その国家運営が、当時の時代背景・状況のなかで、起業家である松下幸之助、盛田昭夫、本田宗一郎などの起業精神などとうまく結びついた結果であろう。それは、[illegible]利的な政府と起業家の活躍の組み合わせで大躍進してきている中国の現在と重なる部分があるといえるかもしれない。また日本の場合は、それ以前の時代・時期に人材や知見・技術力などが蓄積されていたことも忘れてはならない要素であろう。

だが、日本が世界水準に達し、先例がなくなってくると、官僚中心の国家運営、他の国や社会の事例などから学んで発展するモデルや東大人材モデルなどでは通用しなくなる。それらの対応では、次のステージを構築できる知見や人材を創出できなかったのである。そして、日本はそれまでの成功こそが、国家や社会の慢心と誤解を生み、学びや革新を忘れさせ、新たな段階で必要とされたイノベーションや新しい可能性が生まれてくることを制約したのである。それこそが、日本の今日の低落傾向と現状に繋がってきているともいえるのである。

(3) 国際社会における日本の大学および東大の置かれた位置付け

これまで述べてきたように、日本では、政府が、その近代化や復興で大きな役割を果たしてきた。またその政府において、東大およびその輩出人材（特に法学部卒業生）が、大きな役割を果たしてきたことを述べてきた。それはつまり、東大は日本の近代化におけるエンジン的役割を果たしてきたということもできるであろう。

そして、この日本の近代化のビジネスモデルが、特に1990年前後ごろから適切に機能しなくなってきており、第1章で論じたような日本の現状が生まれてきているのである。では、そのような状況において、国際社会における日本の大学、特に日本の近代化の「エンジン」であった東大の置かれた状況はどのようになっているのであろうか。ここでは、その点について
みていこう。

次のいくつかのデータが示しているように、世界の大学ランキングでは、日本の大学は全体において、その大学力が国際社会のなかで、急速に低下しているようにみえる。その状況においては、東大は国内的に現在も順位が1位ではあるが、その世界ランキングが低下してきていることは問題なのではないだろうか。

もちろん大学ランキング自体、国際性や研究力を評価の軸にしているなど評価方法に問題があるという指摘や、ここで示したTHE（英：The Times Higher Education）の世界大学ランキング以外のランキングでは、東大のランキングはそれほど低下していないという指摘もある。また、日本の大学は、その発表論文の多くが英語でなく日本語であることなどのために、世界ランキングが低く評価されがちだという意見等もある。

しかしながら、グローバル化が急速に進展してきている今日、大学ばかりでなく各国・地域において、研究や教育・組織の国際化や世界中から優秀な人材（学生・教職員・研究者ら）を集めることやそれらへの対応はますます重要になってきている。その意味では、世界大学ランキングは、少なくとも重要な視点として考慮すべきものだろう。実際、中国の大学などは、そのような視点から、世界大学ランキングにおけるランキング向上を有効に行い、学生や人材の集積や国際的アピールに活かしている。

また世界大学ランキングは、上述したような問題・課題もあるが、日本の大学のランキングの現状は、長期的およびさまざまな複合的な要因の結果であり、少なくともその傾向や推移には注目すべきであろう。

その世界大学ランキングから、次のことがいえるであろう（図表2－2、図表2－3、図表2－4参照）。

・東大の世界大学ランキングは近年、特にこの10年は低落傾向にある。
・アメリカのランクイン大学数は、現在も最多で1位であるが、その数を減らしてきている。
・ドイツおよびオーストラリアはランクイン大学を増やしている。
・アジアの大学は、日本を除いて、ランクイン大学が増加傾向にある。特に中国および韓国のランクインする大学数が増えている。

・清華大学（中国）は、この10年間で絶えず上昇してきている。そして、２０２３年には、これまで上位校だった北京大学（17位）やシンガポール国立大学（19位）よりも順位を上げ、中国およびアジアで首位となった。

図表 2-2：THE 世界大学ランキングにおける東大（2004-2022）

年	世界順位	アジア	国内順位
2022	39	6	1
2021	35	5	1
2020	36	4	1
2019	36	5	1
2018	42	5	1
2017	46	6	1
2016	39	4	1
2015	43	3	1
2014	23	1	1
2013	23	1	1
2012	27	1	1
2011	30	1	1
2010	26	2	1
2009	22	1	1
2008	19	1	1
2007	17	1	1
2006	19	3	1
2005	16	2	1
2004	12	1	1

(注) THE とは、英国のタイムズが新聞の付録冊子として毎年秋に発行している高等教育情報誌。THE の世界大学ランキングは、「エントリーした大学について教育（評判調査や博士号取得者の比率など）、研究（評判調査や研究関連の収入など）、論文の被引用数、国際性（外国籍の学生や教員の割合など）、産業界からの収入のそれぞれを点数化して順位付けする。順位は点数化の基準によって左右され、絶対的なものではない。THE の世界ランキングは研究や大学院教育の成果を重視しているのが特徴だ。」

出典：「世界大学ランキング 2022　日本から 118 校がランクイン、アジア勢伸びる　一覧掲載」（高校生新聞 online 、2021 年 9 月 2 日）

図表 2-3：THE 世界大学ランキングの国／地域別ランキング（アジア）の推移

アジアでの国／地域別順位	2013年	2018年	2022年	2023年
1	日本 （9 位、5 校）	中国 （6 位、7 校）	中国 （5 位、10 校）	中国 （5 位、10 校）
2	香港、韓国 （11 位、4 校）	香港 （11 位、5 校）	韓国 （9 位、6 校）	韓国 （8 位、6 校）
3	–	韓国 （12 位、4 校）	香港 （10 位、5 校）	香港 （10 位、5 校）
4	シンガポール 中国 （16 位、2 校）	シンガポール 日本 （15 位、2 校）	シンガポール 日本 （17 位、2 校）	シンガポール 日本 （17 位、2 校）
5	–	–	–	–
6	台湾 （19 位、1 校）	台湾 （20 位、1 校）	台湾 （20 位、1 校）	台湾 （20 位、1 校）

参考（世界ランキング）

	2013年	2018年	2022年	2023年
アメリカ	1 位 （76 校）	1 位 （62 校）	1 位 （57 位）	1 位 （58 校）
ドイツ	4 位 （11 校）	3 位 （20 校）	3 位 （22 校）	3 位 （22 校）
オーストラリア	5 位 （8 校）	5 位 （8 校）	4 位 （12 校）	4 位 （11 校）

出典：THE 世界大学ランキング・総合評価を基にまとめたもの。
（　）の順位は国／地域別世界順位および上位 200 位内の大学数。

図表 2-4：THE 世界大学ランキング（2023）を基にしたアジアの大学ランキング

アジア順位(2023)	大学名	国／地域	2013年	2018年	2022年	2023年
1	清華大学	中国	52	30	16	16
2	北京大学	中国	46	27	16	17
3	シンガポール国立大学	シンガポール	29	22	21	19
4	香港大学	香港	35	40	30	31
5	東京大学	日本	27	46	35	39
6	香港中文大学	香港	124	58	49	45
7	復旦大学	中国	201-225	116	60	51
8	上海交通大学	中国	276-300	188	84	52
9	ソウル大学	韓国	59	74	54	56
10	香港科技大学	香港	65	44	66	58
11	浙江大学	中国	301-350	177	75	67
12	京都大学	日本	54	74	61	68
13	中国科学技術大学	中国	201-225	132	88	74
14	延世大学（ソウルキャンパス）	韓国	183	201-250	151	78
15	香港理工大学	香港	251-275	182	91	79
16	KAIST	韓国	68	95	99	91
17	南京大学	中国	251-275	169	105	95
18	香港城市大学	香港	182	119	151	99
19	浦項工科大学校(POSTECH)	韓国	50	137	185	163
20	南方科技大(SUSTech)	中国	N/A	N/A	162	166
21	成均館大学	韓国	201-225	111	122	170
22	武漢大学	中国	N/A	401-500	157	173
23	蔚山科学技術大学院（UNIST)	韓国	N/A	201-250	178	174
24	華中科技大学	中国	N/A	401-500	181	176
25	国立台湾大学 (NTU)	台湾	134	198	113	187
26	四川大学	中国	N/A	601-800	401-500	196

出典：THE 世界大学ランキング・総合評価を基にまとめた。
KAIST とは、「Korea Advanced Institute of Science and Technology」の英略名。なお、上表の 2023 年のデータは 2022 年 10 月に発表されたもの。

上記のことからも、国際社会において、ある面で、東大もかなり厳しい状況に置かれてきていることがわかる。その意味で、日本を代表する大学であるはずの東大が、国際社会の中で、その存在感や魅力を低下させてきているといえるだろう。

東大の今

東大は、その現状を示す次のいくつかの情報やデータをみてわかるように、人員や施設等において、日本の大学の中でトップの総合大学ということができるだろう（図表2－5から図表2－14参照）。

そして、東大は、次の図表などからも、次のようないくつかの特徴があるといえる。
・東大は、所管官庁は文部科学省で、国立大学法人法に基づく国立大学法人の組織および運営のもとにある国立大学で、教育研究を行っている。
・東大は、大学院中心の研究型大学（リサーチ・ユニバーシティー（research university）や研究大学ともよばれ、研究開発活動に重点を置く大学）である。
・多くの学部や大学院を擁し、多くの教職員、キャンパス、施設や設備等を有する。
・教職員数は多い。しかしそこに占める多様性は、ジェンダーや国籍等を含めて、必ずしも高いとはいえない。なお、ＯＥＣＤ（経済協力開発機構）の調査（２０２０年）によれば、高等教育機関の女性教員比率は、ＯＥＣＤ加盟国では平均45％に対して、日本は30％。さらに東大は、日本の他大学とも比べて、約16％と低い（２０２２年５月１日現在）。
・多くの国・地域からの留学生はある程度の数を占めている。他方で、教職員（特に非有期や教授職の者）における外国人および女性などの多様性は低い。東大は、学部学生の女性比率は２０・１％（２０２２年5月1日現在）。
・学生（学部・大学院）では男性比率が高い。なお、留学生は女性比率もある程度高い。
・東大の学生のうち海外で学ぶ者の数は限られている。特にコロナ禍で、この数年は、元々多いとはいえない数が半減している。

・東大では、基本的に各講座を研究・教育の基本単位とする制度である「講座制」をとっている。戦前に創立された日本の大学の多くがとっている制度で、講座は原則として専任教授がこれを担当し、准教授、助手をおいている。なお、筑波大学（1974年設置）は、このような古い学問の体系・分類が崩れる状況への対応として、学系・学群制をとっている。

・職員採用はメンバーシップ型雇用が中心。

なお、東大も上記のような学生や教員における女性比率の少ないことに対する問題意識は高く、2017年度から遠方在住女子学生への住宅資金援助の開始や、2022年は新規着任教授・准教授の4分の1にあたる約300人を女性にする計画を打ち出してきている。東大は、2015年にも、2020年までに女子学生比率30%、女性教員比率20%を目標にしたが、2022年時点では実現できていない。

図表 2-5：東京大学の概要

項目	内容
設立	明治 10（1877）年 4 月 12 日。 東京大学創設（東京開成学校と東京医学校を合併、旧東京開成学校を改組し法・理・文の 3 学部、旧東京医学校を改組し医学部を設置、東京大学予備門を付属）。
施設等	キャンパスとしては主に本郷地区キャンパス、駒場地区キャンパス、柏地区キャンパス、白金台キャンパス、中野キャンパスなどがあり、その他さまざまな施設が全国に点在している。土地面積：326,038,750㎡（東京ドーム約 6,973 個分）。 海外拠点：30 か所。
総長	藤井輝夫
役員等	理事：9 名（内 2 名は非常勤）（うち 6 名は副学長兼務） 監事：2 名（内 1 名は非常勤） 副理事：7 名（内 2 名は部長兼務） 計 19 名（日本人のみで構成） 但し、理事(含非常勤）9 名の内 4 名は女性(一時期 5 名有)
研究科・学部	15 研究科 89 専攻、10 学部 44 学科
部局数	40
所管官庁	文部科学省
主要関連法令	国立大学法人法、国立大学法人法施行令、国立大学法人法施行規則、国立大学法人評価委員会令、教育基本法、学校教育法、独立行政法人通則法、国立学校設置法等

図表 2-6：教職員等

項目	数	備考
全教職員数	11,509	役員、教職員、職域（時間）限定職員、特定有期雇用教職員、外国人教師
教職員数	8,188	男：4,883 名　女：3,305 名
教員数 (内教授)	3,978 (1,355)	男：3,375 名　女 603 名 (男：1,231 名　女：124 名)
職員数	4,210	男：1,508 名　女：2,702 名

図表 2-7：外国人教職員数（役員等・教職員数の内数）：759 名

項目	数	内訳
教職員	196	アジア(12 か国・地域)：115 名、アフリカ(1 か国)：1 名、オセアニア(1 か国)：2 名、中近東(1 か国)：1 名、中南米(4 か国)：6 名、北米(2 か国)：25 名、ヨーロッパ(16 か国)：46 名
内教授数	38	アジア(5 か国・地域)：13 名、オセアニア(1 か国)：1 名、北米(2 か国)：11 名、ヨーロッパ(7 か国)：13 名
特定有期雇用教職員	559	アジア(17 か国・地域)：350 名、アフリカ(3 か国)：8 名、オセアニア(2 か国)：6 名、中近東(4 か国)：12 名、中南米(8 か国)：17 名、北米(2 か国)：58 名、ヨーロッパ(22 か国)：108 名
職域（時間）限定職員	3	アジア(1 か国)：1 名、ヨーロッパ(2 か国)：2 名
外国人教師	1	ヨーロッパ(1 か国)：1 名

図表 2-8：学生数

	数	備考
学部	14,013（303）	男：11,196（165）名 女：2,817（138）名
大学院	14,678（4,246）	男 10,488（2,546）名 女：4,190（1,700）名

含学部研究生・学部聴講生。なお、（　）内の数字は外国人留学生。

図表 2-9：外国へ留学等している学生数など

項目	数・地域
学生数	271 名（学部学生：71 名、大学院学生：200 名）
留学国・地域等	31 か国・地域（アジア：10 か国・地域、ヨーロッパ：15 か国、北米：2 か国、中近東：2 か国、アフリカ：2 か国）

図表 2-10：外国へ留学等している学生数の推移

年	数
平成 25（2013）	429
平成 26（2014）	393
平成 27（2015）	398
平成 28（2016）	414
平成 29（2017）	382
平成 30（2018）	421
令和元（2019）	422
令和 2（2020）	270
令和 3（2021）	170
令和 4（2022）	271

コロナ禍で海外留学の学生数激減。

図表 2-11：外国人留学生数

項目	数・地域
留学生数	4,624 名（学部学生等：341 名、 大学院学生等：4,283 名（内大学院学生：3,827 名））：110 か国・地域
内訳	アジア（20 か国・地域）：4,107 名（88.8％） 中近東（11 か国・地域）：43 名（0.9％） アフリカ（23 か国・地域）：56 名（1.2％） オセアニア（2 か国・地域）：20 名（0.4％） 北米（2 か国・地域）119 名（2.6％） 中南米（15 か国・地域）72 名（1.6％） ヨーロッパ（36 か国・地域）207 名（4.5％）

図表 2-12：外国人留学生数の推移

年	全数	大学院学生数
平成 25（2013）	2,912	2,248
平成 26（2014）	2,873	2,178
平成 27（2015）	3,062	2,273
平成 28（2016）	3,328	2,418
平成 29（2017）	3,696	2,663
平成 30（2018）	3,938	2,957
令和元（2019）	4,267	3,171
令和 2（2020）	4,194	3,301
令和 3（2021）	4,283	3,578
令和 4（2022）	4,624	3,827

コロナ禍にも関わらず、増加傾向にある。

図表 2-13：収入・支出額

単位：円

年（年度決算）	収入額	支出額
令和 3（2021）	2,993 億 7,600 万	2,874 億 9,900 万
令和 4（2022）	2,817 億 8,800 万	2,817 億 8,800 万

図表 2-14：その他

項目	数
論文引用数 (出典:データベース「ESI」より 令和 4 年 11 月 15 日付データ)	536,799
東大関連ベンチャー（2022 年 3 月 31 日現在）	約 480 社
研究者交流（活発な海外との研究者交流。アジアと密な繋がり、アメリカやヨーロッパとの交流も多）	1,634
東大卒業のノーベル賞受賞者数*	9 名

出典：東京大学・概要 2022（概要編・資料編）発行：東京大学　編集：東京大学本部広報課・東京大学 HP など。なお、情報は基本的には令和 4（2022）年 5 月 1 日。それ以外は別途記載。

＊梶田隆章（2015 年物理学賞）、大隅良典（2016 年医学・生理学賞）、根岸英一（1979 年化学賞）、大江健三郎（1994 年文学賞）、小柴昌俊（2002 年物理学賞）、江崎玲於奈（1973 年物理学賞）、南部陽一郎（2008 年物理学賞）佐藤栄作（1974 年平和賞）、川端康成（1968 年文学賞）

しかしながら、東大も、女性などの多様性の低さに対する問題意識はある。その問題対応の一つとして、特に正式な学部ではないが、インターネット上の仮想空間「メタバース」を活用して工学系の専門教育を提供する「メタバース工学部」（日本で工学分野進学女子は少数で、東大工学部の女性比率も約12％程度）を特に女子中高生に工学や情報の魅力を伝えたいとして開設し、多くの女性など多様な方々から人気を集めている。２０２３年春からは、多様性を意識、教育をさらに広げていくそうだ。「『メタバース工学部』多様性へ前進」（宮坂麻子、朝日新聞、２０２３年3月26日）を参照のこと。

また東大は、先に述べてきたように、その当初から、日本を方向付けるうえで中心的役割を担う政府・行政府における人材育成・養成の役割を担い、その役割を果たしてきた。そして、日本は、後発国あるいは復興状態にある国として、国の近代化や復興が行われたのである。その場合、目指すべき先例や事例があるとはいえ、ゼロあるいは白地から国や社会を新たに構築することであったので、やることややるべきことは多々あった。それは、それにあたる人材にとって、少なくともある時期までは、非常にエキサイティングでやりがいのある仕事や状態であったといえるだろう。

しかし、社会とか組織は不思議なもので、どんなに成功し、順調に進んでいても、それがある程度の期間継続すると、ある意味の硬直化・固定化が生まれ、時代や社会の大きな変化についていけない、あるいはついていきにくくなるのだ。

日本の場合、そのような状態が起き始めたのが、1980年代の後半から1990年代はじめの頃だったといえるだろう。その時期は、日本のそれまでの目標がほぼ達成され、社会もそれなりに豊かになった。そのような状態になると今度は、日本社会自体の現実を的確に理解・把握し、分野や地域ごとによりきめ細かな対応が必要になってくる。つまり、中央政府が一元的に社会発展を進める対応や、海外の先例や事例を導入したり微修正して対応するという従来までの行政・官僚中心の政策づくりや社会の方向づくりが有効に機能しなくなったということである。それを別のいい方をすると、現実や現場の情報やデータを収集し、それに基づくリサーチ・分析や新しい発想がより重要になり、それまでとは異なる能力やスキルを有する人材が必要になったということなのである。

また当時ごろから社会や世界の変化は、それまで以上にダイナミックかつ急速に変化するようになってきていたために、その状況により柔軟かつ迅速に対応できる新しい仕組みやガバナンスが必要になってきたのである。

それらのことへの自覚は当時でも日本国内でもある程度は認識されており、新たなる日本社会のガバナンスのあり方や人材・組織についても議論やそのための動きもないわけではなかった。

その具体的なものとしては、行政改革・公務員制度改革や規制緩和への動き、政治主導の必要性、そして政府・行政以外がパブリックに関われる仕組みとしてのＮＰＯや非営利活動の重要性・必要性への意識の社会的共有やその方向に向けての動きなどであったといえよう。そして、その典型が、いわゆる「橋本行革」だったといえるだろう。

ここで、いくつかの言葉について若干補足しておきたい。

政治主導とは、「政治家が官僚に依存せず主体的に政策の立案・決定などを進めること。日本では官僚が実質的に政治の主導権を掌握している状態にあるが、民意を政治に反映させるためにも、選挙で選ばれた政治家が政治を主導していくことが望ましいとの主張がなされている」（小学館デジタル大辞泉）を指している。しかし、日本の政治主導は、官僚を適切に主導できる政治家自身の発掘・育成などの視点がなく、中途半端な「政治主導」になっているということができる。それが、近年の官僚による「忖度」などの問題も生んでいるということができよう。なお、政治主導とは対の言葉は、「官僚主導」や「官僚政治」（「官僚が実質的支配権をにぎり、幅をきかせる政治体制」（小学館デジタル大辞泉））である。

また、橋本行革とは、橋本龍太郎内閣（当時）で行われた行政改革のことである。１９９６年に中央省庁の整理統合を含む行政改革推進のためにあらたに内閣直属の行政改革会議が発足。１９９８年６月には中央省庁等改革基本法、１９９９年７月には[illegible]改革関連法を成立させ、それまでの1府21省庁は2001年から再編され、1府12省庁に移行させたものである。

しかしながら、日本は、それまでのシステムや制度が見事に成功を収めていたとともに、あまりに精緻かつ厳格に構築・整備されていたがために、矮小化された微細な改革や変革に終始し、大きな変更・変革をなすことができなかったのである。また、社会運営における中心を、それまで官僚機構に依存し、明治維新以降それ以外のオールタナティブなあるいはスペアーのプレイヤーの育成や創出ができておらず、それらの変革自体も官僚に依存し、彼ら抜きに対応できない状況であったために、それらの変革にも限界があったということができるのである。その点については『官僚制の作法』(岡田彰、2024年)参照。

プレイヤーを絞ることで短期的には社会を効率的に機能させることができる。だが、1つのプレイヤーや1つのやり方だけでは、現状が行き詰まったり、新しい方向性を打ち出す必要が生まれた場合にはブレークスルーが起きにくく、変化を生み出しにくいのだ。その意味で、オールタナティブなあるいはスペアーな別のプレイヤーなどが社会的に存在していることが重要だ。そのことからも、社会における多様性は現在の日本において重要な要素だといえる。

そして日本は新しい人材のモデルやその育成の仕組みを、今にいたるも創出、構築できてきていないのである。

実際、「橋本行革」で中心的役割を果たした松井孝治氏（2024年6月現在京都市長）は、その「中心命題たる内閣主導が、その後の諸内閣によって相当程度実現したことは事実」だが、「1997年12月に閣議了解された『行政改革会議最終報告』の冒頭で明記しているように、『橋本行革』の理念は、『公』の精神を国民的に共有し、その精神に基づいて国民が統治の客体ではなく統治の主体としての意識をもってこの国の統治のあり方自体を見直すことにあった」という「『橋本行革』の基本理念が国民的に正しく理解されているとは思えない」と指摘している。詳しくは、「公共人材確保法を整備せよ」（松井孝治、Voice、2023年4月号、pl14～pl16）参照のこと。

そもそも、政府・行政組織は、省庁ごとの縦割り構造であり、前例踏襲主義や自己防衛の傾向が強く、慣性の法則が効きやすいシステム・組織なのだ。それらのこと自体は悪い面ばかりではないが、第二次世界大戦後の日本のように、長らく同様の方向性が継続した状況のなかでは、さらに組織の硬直化が進みやすくなってきており、より限られた枠のなかでの対応しかできなくなってきているのである。

しかも日本の組織（主に大企業や大組織であるが）は、近年は変化も生まれてきているが、メンバーシップ型の終身雇用と年功序列のある雇用制を採用している。行政・官僚組織は、正にその典型的組織だ。その組織のなかの者は、ミスをせずに、現状維持かその微調整でしか、成功や出世できないのである。そのことは、当然に保守的で保身的な人材や組織風土を生みがちになるし、組織や社会では慣性の法則が働きがちになる。

そして、そこでは、所与の枠のなかで、どうしても物事を判断したり、政策や法律をつくる傾向が強まり、社会への貢献度合いや仕事の役割・意味が狭まり、仕事の魅力が低下してくるのだ。これは別のいい方をすると、このような環境では、多様な発想や対応ができず、「One Voice」的な発想ややり方しかできず、大きな変化が起きにくくなるのである。

さらに、官僚の仕事自体の内容や社会的な評価なども、次のように変化してきている。詳しくは、「なぜ?東大生の〝官僚離れ〟（霞が関のリアル）」（NHK、2019年4月8日）など参照のこと。

- 政治主導が効いてきており、官僚は、一部は別として、政治に対して、政策形成における創意性を持ちづらくなっている。
- 官僚の仕事は、長時間でブラックな仕事のイメージが強い。他方、社会的にも、長時間労働に対する忌避感や反発が高まってきている。
- 就職先としての外資を含む民間企業などの魅力が向上してきている。

・大企業などに比べて待遇は低い。
・最初の数年間の下積み。意思決定にかかわれるのは8年～10年目の課長補佐以降。
・国民からの社会的な評価が低く、報われない。
・日本が衰退に向かうなか、「沈む船」には乗りたくない。

以上のことからもわかるように、官僚は、仕事で必要とされる要素やスキルが変化してきており、仕事でできる内容のダイナミズムや幅が狭まってきており、その魅力が低下してきているということができよう。しかも官僚だけが、社会のパブリックを決めたりできる時代でもなくなってきており、別の立場からも社会に貢献することが可能になってきている。その点に関しても、ボランティア、非営利活動、社会起業家、社会企業、民間企業などの様々な可能性がでてきていることにも表れている。

このような結果、たとえば2021年度の国家公務員総合職試験（キャリア職）の申込者数は1万4310人となった。これは、前年度より14・5％少なく、ピーク時の1996年度（4万5254人）と比べて、3分の1近くまで落ち込んできており、日本社会では、大学生の間での官僚離れが進んできているのである（図表2－5参照）。

図表 2-15：国家公務員総合職（11 年度以前はⅠ種）試験申込者数の推移

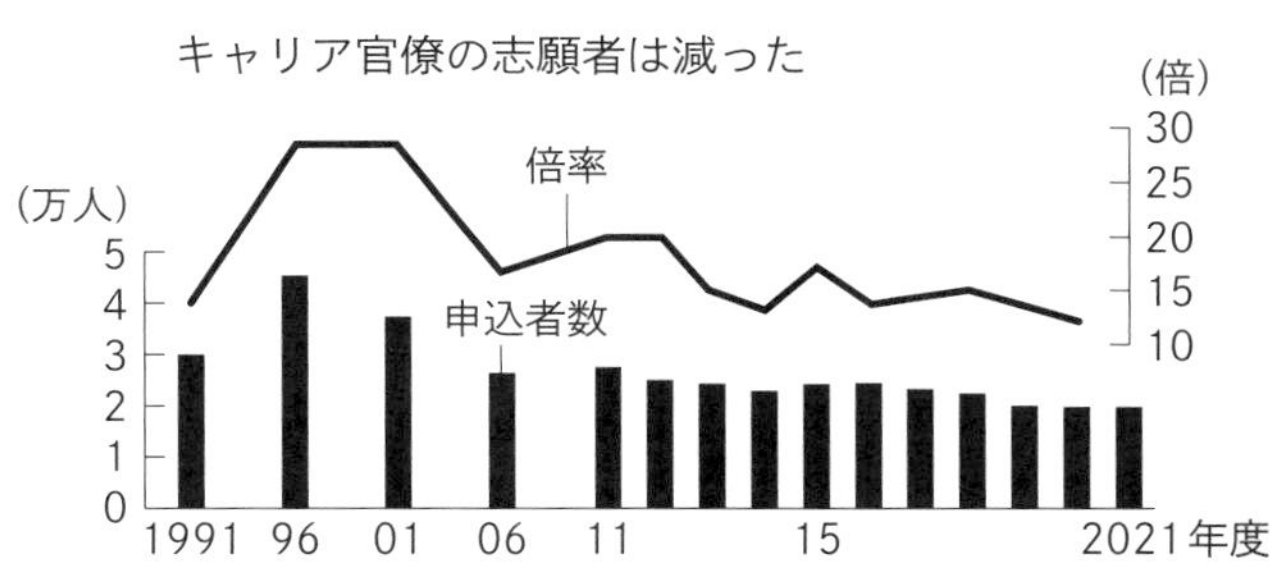

（注）人事院の資料を基に作成。申込者数は大学院や秋採用含む総数。倍率は大卒（教養区分除く）。

出典：「『キャリア志願者』最少に　倍率低下、長時間労働も一因　チャートで読む政治　霞が関（3）」（日本経済新聞、2021 年 5 月 14 日）

図表 2-16：国家公務員総合職試験（春）東大合格者の推移

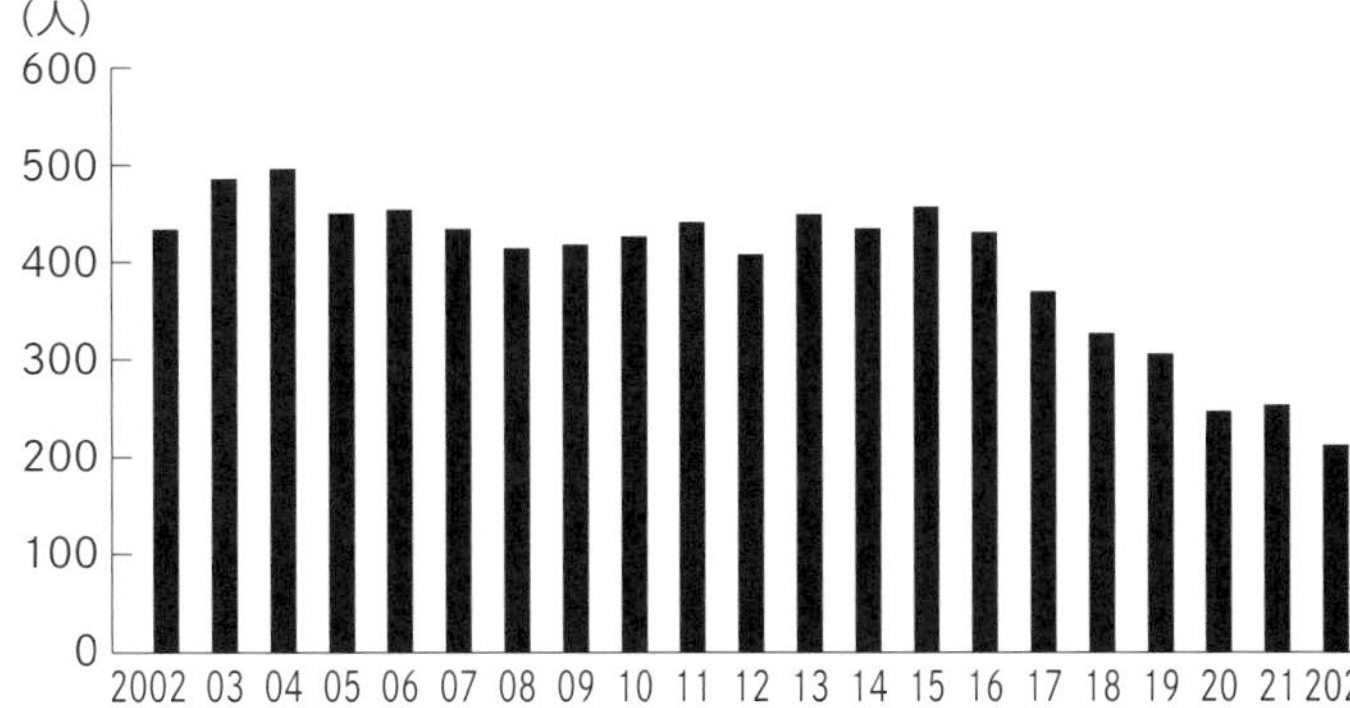

出典：「東大生の就職先、20 年で様変わり　官僚、銀行から外資系コンサル、IT へ」（中村正史、朝日新聞 EduA、2022 年 11 月 2 日）

また、図表2－16および図表2－17をみてもわかるように、特に東大卒者の合格者が減少してきており、その比率が確実に下がってきている。これは他大学卒者がより多く受けるようになってきており（このこと自体は、国家公務員の多様性の面からも良いことであるといえる）、東大卒者の受験者数自体が減ってきていることなどが考えられる。なお、日本の場合、公務員試験合格者が必ずしも省庁に就職できるとは限らず、最終的な東大卒のキャリア官僚の数はそれほど減っていないという意見もある。

しかしながら、図表2－18をみるとわかるように、東大卒（そのなかでも特に法学部卒）の公務に就職する者の数は確実にかなり減ってきていることがわかる。

この点に関して、次のような意見もある。

「ある省には最近、事務系総合職採用に東京大学卒業生がほとんどいないという。東大卒がいないことを人材劣化と短絡するものではまったくないものの、建学の主要目的が高等文官の育成にあったような大学・学部から主要官庁の一つにほぼ人材供給がなされないこと自体が、最近の公務員離れを象徴する出来事である。」（「公共人材確保法を整備せよ」（松井孝治、Voice、2023年4月号、p114））

図表 2-17：2000 年度以降の国家公務員キャリア試験の東大卒合格者数

年度	合格者	比率（%）
2000	392	31.9
2006	457	28.7
2010	428	32.5
2015	459	26.6
2016	433	21.5
2017	372	19.8
2018	329	18.7
2019	307	17.0
2020	249	14.5
2021	256	13.9

出典：「キャリア官僚志願者大幅減、東大卒合格差は下げ止まる」（中西 亨、Wedge ONLINE 2021 年 6 月 22 日）より再掲。

図表 2-18：東大卒業生と公務

単位：人数

卒業年度（翌年度の5月1日現在）	法学部 公務就職者数（女子数）	法学部 卒業者数（女子数）	全体 公務就職者数（女子数）	全体 卒業者数（女子数）
2022（令和4）	69（18）	398（96）	116（35）	3094（590）
2021（令和3）	62（13）	402（94）	141（42）	3195（640）
2020（令和2）	65（13）	419（110）	150（40）	3157（651）
2019（令和元）	44（11）	369（84）	105（31）	3104（604）
2018（平成30）	61（12）	370（97）	147（45）	3071（604）
2017（平成29）	85（18）	404（87）	164（41）	3092（599）
2016（平成28）	91（17）	395（53）	191（53）	3140（602）
2015（平成27）	95（18）	392（77）	192（56）	3037（564）
2014（平成26）	76（19）	399（92）	190（57）	3159（615）
2013（平成25）	73（15）	422（90）	170（46）	3129（585）
2012（平成24）	73（17）	427（81）	187（47）	3133（591）
2011（平成23）	63（11）	437（81）	161（45）	3209（607）
2010（平成22）	55（7）	417（99）	160（38）	3142（616）
2009（平成21）	49（13）	409（107）	148（37）	2984（608）
2008（平成20）	38（11）	433（93）	114（35）	3093（616）
2007（平成19）	60（9）	536（129）	146（35）	3228（670）
2006（平成18）	70（12）	536（129）	138（35）	3264（655）
2005（平成17）	77（8）	569（140）	162（30）	3298（659）
2004（平成16）	84（11）	611（121）	171（41）	3250（595）
2003（平成15）	97（24）	718（142）	187（44）	3416（632）

出典：東京大学のHP「学部卒業者の卒業後の状況」

そしてまた、これは東大卒の官僚だけではないが、若手官僚の退職者あるいは退職希望者が増えてきていることが、人事院や内閣人事局などのデータや国家公務員制度担当大臣（当時）の発信などを基に、社会的にも注目を集めてきている。

図表２－19から図表２－21をみてもわかるように、増減はあるが、２０１６年度からは、在職10年未満での退職者数が急速に増えてきていることがわかる。その退職理由に関しては、人事院も明かしていないが、10年未満ということは、意思決定にかかわれる課長補佐への昇進目前の時期であるということ、年齢的にまだ若くさまざまな可能性がある時期などであることを考慮すると、先述したようなさまざまな理由や状況から、官僚という仕事における今後の展望をもちにくいことから、そのような選択をしたと考えることができるだろう。

では、このような状況において、東大卒者は、官僚以外にどのような仕事についているのであろうか。

図表２－22および図表２－23をみてもわかるように、最近の東大卒業生は、日本の大手企業は現在も多いが、コンサル業界や外資系企業への就職が急速に増えてきていることがわかる。

このことからも、日本社会が、政府中心でなくなってきていることやグローバル社会が進展してきていることが明確にみてとれるのである。

その意味からも、日本社会においても、東大自体の役割は今後ともあると考えられるが、国家・政府の人材を輩出することは、必ずしもメインの役割ではなく、その役割の一部に過ぎなくなってきているということができるだろう。そして、その観点からすると、東大の日本社会での役割が変わってきているといえるだろう。

また、日本社会が、次のステージにおける新しい可能性を見出していけるシステムや人材の新しい仕組み・仕掛けや大学などが必要になってきているということができるのである。

その意味での先例というか参考になる事例が、実は現在の日本にも存在しているのである。

それが、沖縄県にある沖縄科学技術大学院大学（ＯＩＳＴ）なのである。

図表 2-19：総合試験採用職員（在職 10 年未満）の退職者数

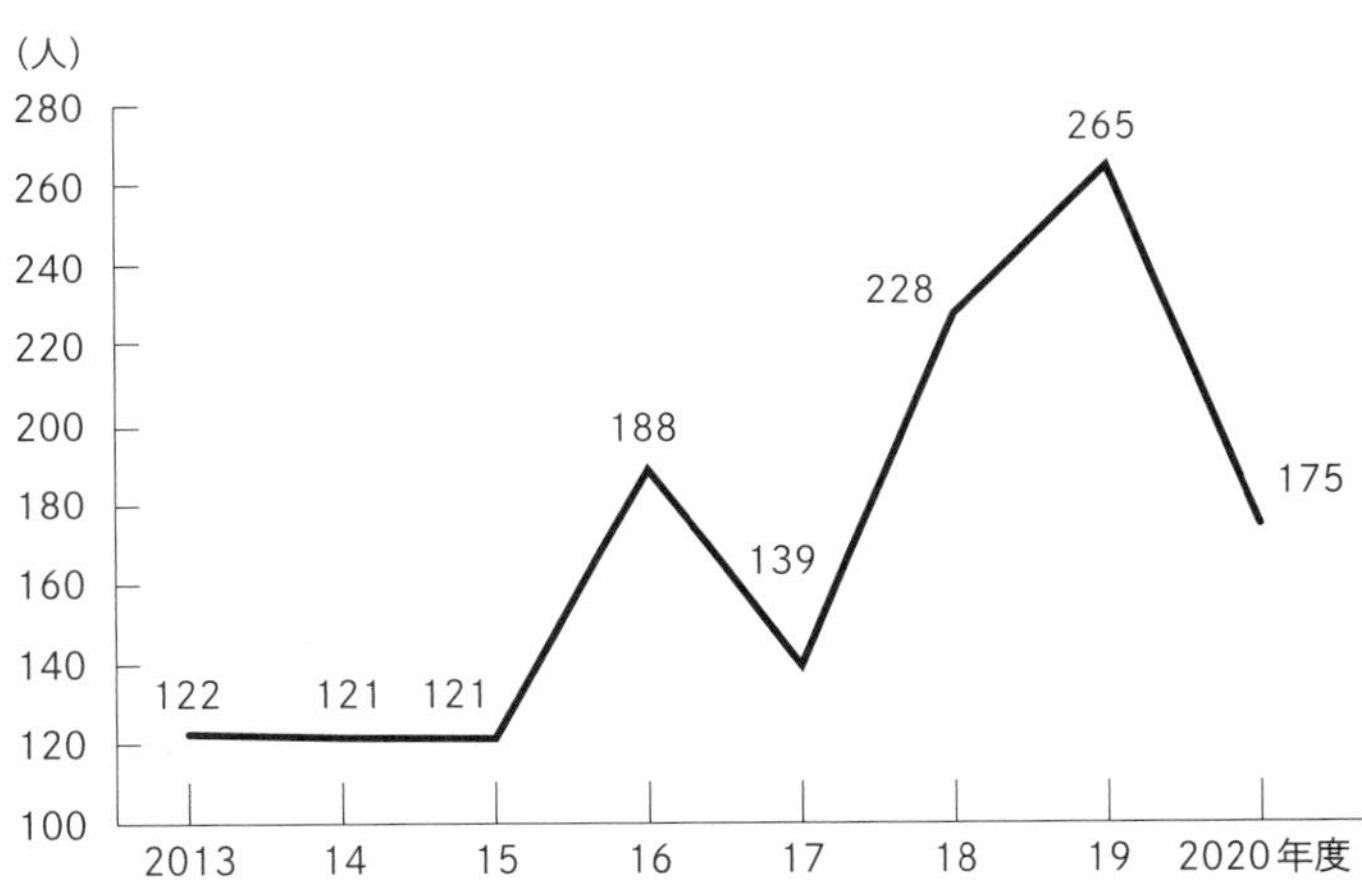

図表 2-20：在職年数別退職者数

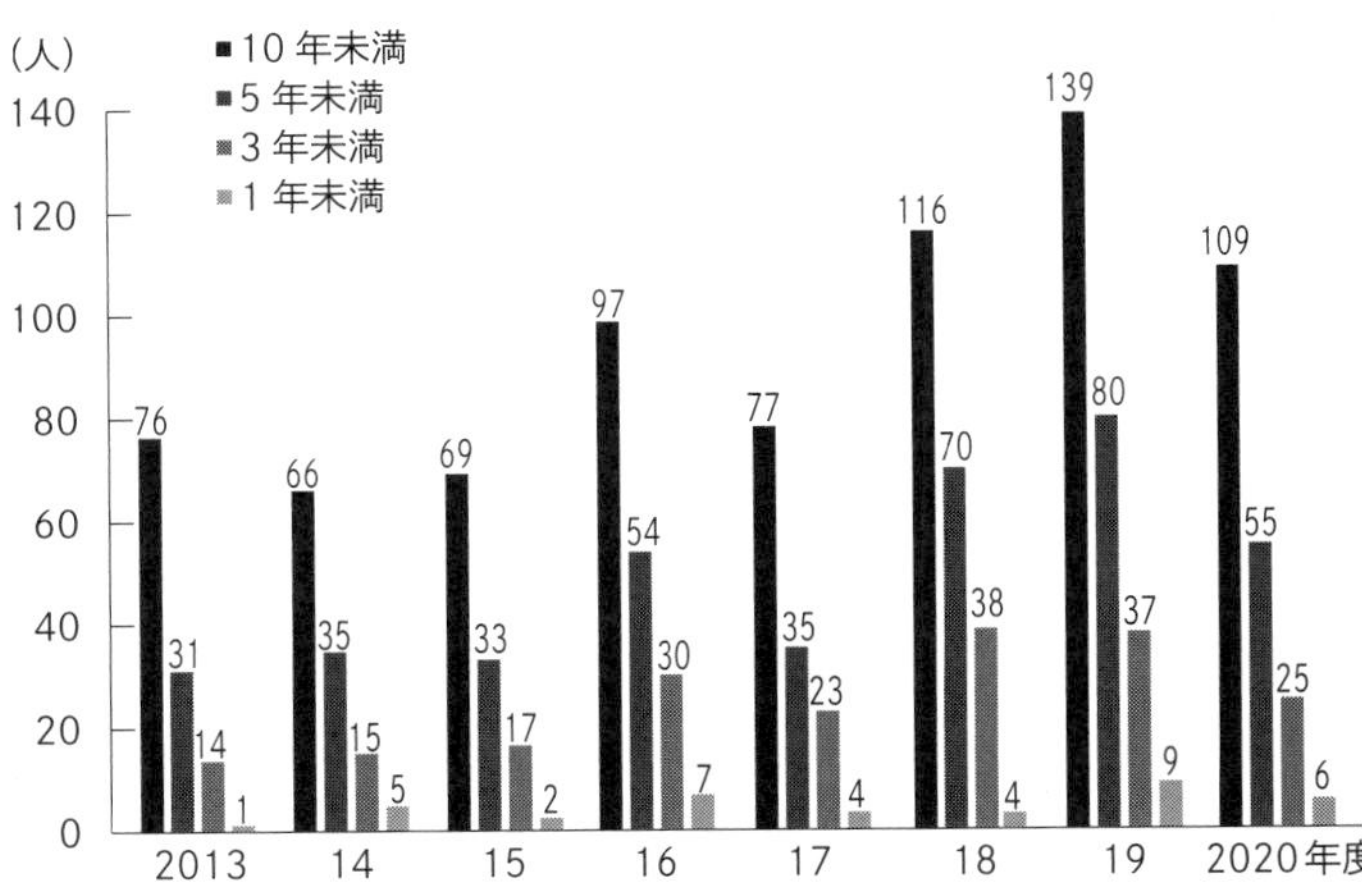

図表 2-21：在職年数別退職率

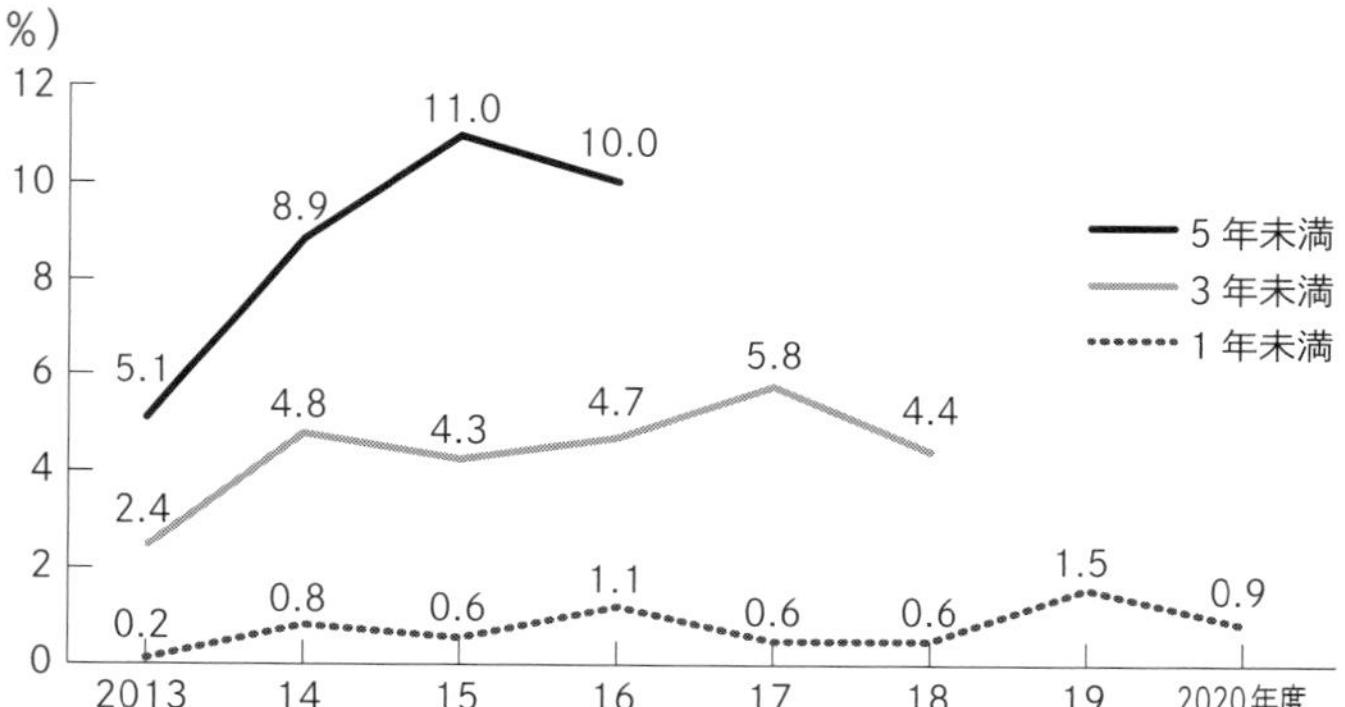

出典：（図表 2-19 ～ 21）人事院「キャリア官僚の在職 10 年未満「退職」問題 ... 人事院が公表 3 年連続 100 人超の驚き、働き盛り 30 代に何が？」（鷲尾香一、Jcast、2022 年 06 月 02 日） から再掲。

図表 2-22：東大生の就職先上位 5 位（15 年間の変遷）

	1 位	2 位	3 位	4 位	5 位
2022 年	アクセンチュア	ソニーグループ	楽天グループ	マッキンゼー	日立製作所
2021 年	アクセンチュア	ソニーグループ	日立製作所	楽天グループ	野村総合研究所
2020 年	アクセンチュア	ソニー	野村総合研究所	トヨタ自動車	三井住友銀行
2019 年	日立製作所	アクセンチュア	日本 IBM	ソニー	トヨタ自動車
2018 年	アクセンチュア	トヨタ自動車	野村総合研究所	みずほ FG	日立製作所
2017 年	トヨタ自動車	アクセンチュア	三菱東京 UFJ 銀行	日立製作所	みずほ FG
2016 年	日立製作所	三井住友銀行	三菱東京 UFJ 銀行	トヨタ自動車	東京海上日動火災保険
2015 年	日立製作所	三菱商事	三菱東京 UFJ 銀行	東芝	リクルートグループ
2014 年	日立製作所	三菱東京 UFJ 銀行	トヨタ自動車	三菱重工業	三井物産
2013 年	日立製作所	三菱東京 UFJ 銀行	三菱商事	富士通	三菱電機
2012 年	日立製作所	三菱商事	三菱東京 UFJ 銀行	東芝	富士通
2011 年	三菱商事	日立製作所	楽天	三菱東京 UFJ 銀行	三菱重工業
2010 年	日立製作所	三菱東京 UFJ 銀行	NTT データ	三菱商事	富士通
2009 年	ソニー	みずほ FG	トヨタ自動車	日立製作所	三菱商事
2008 年	三菱東京 UFJ 銀行	日立製作所	ソニー	みずほ FG	NTT データ
2007 年	みずほ FG	日立製作所	大和証券グループ	NTT データ	東芝

（東京大学新聞より集計。 協力・大学通信）

出典：「東大生の就職先、20 年で様変わり　官僚、銀行から外資系コンサル、IT へ」（中村正史、朝日新聞 EduA、2022 年 11 月 2 日）

図表 2-23：2021 年東京大学卒業・修了者就職先上位一覧

学部卒業者

順位	民間企業	人数
1	楽天グループ	25
2	マッキンゼー・アンド・カンパニー	23
3	三菱 UFJ 銀行	20
4	PwC コンサルティング	16
5	三井住友銀行 三菱商事	14
6	東京海上日動火災	13
7	博報堂	12
8	野村総合研究所・大和証券 日本政策投資銀行	11

順位	省庁	人数
1	外務省	17
2	財務省	14
3	総務省	12
4	経済産業省	11
5	厚生労働省・警察庁	9
6	防衛省・国土交通省	8
7	農林水産省	7
8	金融庁	4

大学院修了者

順位	民間企業	人数
1	アクセンチュア	44
2	日立製作所	35
3	ソフトバンク	30
4	ヤフー	26
5	野村総合研究所	23
6	楽天グループ	22
7	富士通・中外製薬	21
8	NTT データ・ソニー ファーウェイ	18

順位	省庁	人数
1	経済産業省・農林水産省	11
2	特許庁	8
3	国土交通省	7
4	厚生労働省	5
5	環境省・気象庁・防衛省	4
6	金融庁・財務省	3

出典：「【22 卒東大生就職状況】学部生首位は 2 年連続楽天　院生は 4 年ぶりにアクセンチュアがトップへ」（東大新聞オンライン、2022 年 8 月 29 日）

第3章

沖縄科学技術大学院大学（OIST）　21世紀における日本再起動のエンジン

これまで、明治以降の近代化と第二次世界大戦後の復興およびそこにおける人材育成機関である東京大学（東大）の歴史と現状を縦糸と横糸としながら、日本の明治以降から現状までについて論じてきた。極論ないい方をすれば、それは、ある意味で東大は日本の近代化の際に確立された役割や、東大という人材育成モデルおよびそこから輩出した官僚人材が中心となり日本という国家を運営するという画一的モデルは、その役割がもはや終焉を迎えたことを示しているのではないかと思う。

それは、東大が、日本社会における意味がないということではない。むしろ同大学自身が、今後の新しい役割を見出して、その新たな方向性を確立していってほしいと、筆者自身もそこで学び青春を過ごした者として、切に願っているし、東大はそれができると確信している。

他方、これまで検討してきたように、現在の日本は非常に厳しい状況にあり、現時点で新しい可能性や方策をなかなか見出せていない。

また、日本自体も、１９９０年代以降、自国への問題や課題への意識から、さまざまな改革に取り組んできた。しかしながら、それらは社会の本質的で大きな変革、別のいい方をすれば従来の枠を超えた大きな変革につながらず、ズルズルと30年以上の時間が経ち、私たちも、いつしか「変わらない日本」「変われない日本」と考えるようになってしまってきている。また今も「日本は凄い国」であるという考え、変わる必要はないと考える者もいる。他方で、その時期に国際社会や海外の多くの国々は大きく変化しまた現在も急速に変化、進展してきている。

その結果として、日本は、優れた点や魅力的な点も多々あるが、相対的に進んだ国というよりもむしろ遅れた国になりつつある状況が生まれている。なお筆者は、単純に先進国が良いとは考えていないが、日本は、進展がない分、ある意味豊かさが失われ始めてきているといわざるをえない状況にあると考えている。

こんな「変われない国」日本でも、実は新しい試みが行われ、新しい可能性を生み出している場所がある。

それが、沖縄県にある「沖縄科学技術大学院大学（ＯＩＳＴ）」だ。

ＯＩＳＴは、これまで述べてきた、東大の歴史的な日本の近代以降に背負わされた役割のすべてを代替あるいは引き受けるような存在ではないだろう。それは、ＯＩＳＴや東大の役割や問題というよりも、これからの時代や社会は、より多様なやり方が求められているのであり、社会や国の役割を特定の一つの大学や機関等が担えるものではないし、担うべきではないからだ。

その意味で、ＯＩＳＴは、日本において、東大が担ってきた大学のモデルに代わる「次のモデル（Next Model）」というよりも、「別のモデル（Another Model）」「別の選択肢（Another Option）」ともいうべき存在だと考えるべきだろう。

それでは、本章では、先述のような視点も踏まえ、かつ現地で得た知見も織り交ぜながら、沖縄科学技術大学院大学（ＯＩＳＴ）とはどんな大学で、何をやっているのかという点についてみていこう。なお、登場人物の肩書などは、筆者がＯＩＳＴ研究滞在当時のものを使用している。

（1）事始め

ＯＩＳＴは、同大のスバンテ・ペーボ兼任教授が、２０２２年のノーベル生理学・医学賞を受賞して、日本の多くのメディアでも取り上げられ、認知度は高まってきている。

日本の場合、東京に本社がある多くのメジャーなメディアにとって、よほどの事件や話題がない限り、地方で起きたことが、全国的に報道されることは稀だ。その意味で、ＯＩＳＴが、どんなに優れた研究・教育機関でも、そのノーベル賞受賞まではメディアにおいて全国的に取り上げられることはあまりなかった。

かくいう筆者も、ＯＩＳＴは、その名前やかなりレベルの高い研究などが行われている大学だということは以前から少しは知ってはいたが、ＯＩＳＴを本格的に知るようになったのは、ＯＩＳＴに当時勤務していた知り合いに久しぶりに会う機会があった、２０２１年5月以降だ。その再会を機に、どんな大学なのかを調べるようになり、ＯＩＳＴが非常に先進的で面白い試みをしていることを知った。同大は、理系の大学なので専門は異なるが、筆者はもともとシンクタンクや行政組織をはじめとする知的組織のガバナンスやマネジメントなどにも関心があり、ＯＩＳＴはその点でも日本ではユニークな存在であるようなので、機会があれば一度訪問してみたいと思った。

だが、その後、仕事に追われて、ＯＩＳＴのことは忘れていた。ところが、２０２２年4月になると、所属大学（当時）の仕組みが変わり、筆者も立場が変わり、時間の自由度がもてるようになって、海外の大学などに在籍し、研究活動ができるようになった。

他方、当時コロナ禍は、既に感染がはじまって2年以上が経過しており、感染リスクを抑えるために、対面でなくリモートでの教育や業務の遂行なども日常的に受け入れられている「ニューノーマル」の状態が生まれていたが、いまだ日本や世界を暗く覆っていた。

このような状況のなか、海外に行けば、コロナ禍で隔離期間や行動制限もありうることや帰国後も隔離期間があることが予想された。そこで、筆者が思い出したのが、以前から関心があった、OISTの存在である。同大がある沖縄は、日本国内なので、たとえコロナ禍が拡大しても、隔離や行動制限は限定的であり、筆者の所属大学（当時）との関係から限定的な期間しか滞在できないなどの条件のために、滞在期間を可能な限り活かすにはOISTは絶好の場所であり、絶好の対象であると考えたのだ。

そこで難しいと思ったが、先述の知り合いを通じて、筆者のような社会科学系の研究者がOISTでそのマネジメントやガバナンスを研究することが可能であるかを問い合わせてみた。

OISTには、筆者のような社会科学系の研究者を受け入れるプログラムや仕組みは、当時（おそらく現在も）存在していなかった。日本の一般的な組織・団体や大学だと、このような場合、「仕組みがないので、あなたを受け入れられません」となるところだ。

だが、OISTは違った。

OISTは、受け入れ可能性もあることを前提に、可能性検討の機会を提供してくれた。そして、「このようなイレギュラーな対応は、OISTでは学長しか決められない。学長

いオンラインで面談してください」という返事をいただいた

筆者は、このような展開のあまりの速さにやや面食らったが、翌週には早速に学長とオンライン面談となった。筆者は、その前週にPCを変えていたのでアクセスで手間取り、少し焦ったが、ピーター・グルース学長・理事長（当時）はクールに対応いただき、最終的にはスマホでなんとか面談できた。学長から、筆者のこれまでの経験やOISTで行うことなどの質問があったが、学長の即決で筆者の受け入れが決まった。

この面談で、今でも印象に残っているのは、学長が「自分は、OISTが日本の大学の『次のモデル』になることを期待している」と主張したことだ。その主張から、近年の日本の大学の国際的な存在感の低下のなか、新しいモデルを日本に提示したいという学長の強い意志を感じた。

筆者も、基本的に、大学をはじめとする日本の知的組織のイノベーションや可能性を創発する力の低下を感じ、そのブレークスルーの参考事例としてOISTから学びたいと考えていたので、正に我が意を得たりという感を強くし、OISTでの滞在研究への期待が高まった。

この出来事は、OISTは正に日本ではなく欧米的な組織であることを、次の2つの点から物語っている。

まず、欧米の組織のようにトップである学長に絶大な決定権と責任があるということだ。学長は、筆者の受け入れのようなプログラムや仕組みがなく、決まっていないことも決めることができるのだ。これは、時に過度の権限集中やミス・問題を生むこともあるが、OISTのようないまだ新しい組織では組織のダイナミズムと変化を維持する上では必要なことだろう。

2点目は、筆者のOISTで滞在研究したいという突然かつ仕組みのない申し出を前向きに受け入れてくれたことだ。日本の組織ではルールや制度・仕組み優先で、イレギュラーな申し出はなかなか受け入れない。他方、欧米の組織では、たとえイレギュラーなことやルールなどが必ずしもない申し出でも交渉することで受け入れてくれることがある。その意味では、まずは希望する側が、熱きあるいは強い思いをもち主張し、申し出ないといけないのだ。今回もまさにそのケースだ。

このようにして、筆者は、滞在する前から、OISTは日本の組織ではなく、正に欧米の組織に近い存在だという印象を強く感じたのである。

その後、コロナ感染やわき腹の強打、台風の影響で沖縄への到着日が延長されるなどでさまざまな出来事が起き、筆者は、「OISTに本当にいけるだろうか」と思ったことも可変かあったが、何とか、2022年9月4日に、OISTのある沖縄の那覇空港に何とか到着できた。

同空港からＯＩＳＴへは、タクシーで向かった。タクシーの運転手の方は、ＯＩＳＴにも長らく関わってきた地元の方で、沖縄の問題・課題や歴史的な出来事などについて、滞在開始前に教えていただく（これは、地元の方の視点からの沖縄の現実を知るうえでその後において非常に参考になった）と共に、「ＯＩＳＴは周辺地域から隔離され、学内にはコンビニもないので（当時。その後、開設される）、学内のレジデンスに滞在するなら、コンビニに立ち寄り、数日分の食料等を調達しておいた方がいいですよ。」という貴重な忠告を受けた。筆者は、当時沖縄やＯＩＳＴの様子がよくわかっていなかったので、忠告に素直に従うことにした。後でわかったことだが、この忠告は正に大正解だった。ＯＩＳＴは、学内に時間や曜日限定でレストランやカフェはあるが当時はそれ以外に他には何もなかった。限定されたシャトルバスサービスはあったが、周辺地域からも隔離されており、筆者自体は、ＯＩＳＴ学内および地元の情報もなく、知人もほとんどいず、車もなく、無人島に残された人間の心境だった。

しかしながら、このような場所と環境にあることが、研究活動に集中できて高品質の研究環境や外部からのコントロールの抑制性などを生み、ＯＩＳＴの現在を生み出してきているということもできるのだろう。

到着当日、スタッフの方に、ＯＩＳＴの学内を簡単に案内していただいた。筆者は、ＯＩＳＴの学内は、欧米の組織に近い雰囲気で、さまざまな施設や空間が入り組み刺激的だが、視覚的にもレイアウト的にもわかりにくく、混乱する印象を受けた。筆者が、ＯＩＳＴの学内の位置関係を大体わかりだすのには、その後約2週間もかかってからだった。なお、幹部のある方は、「自分が着任して半年が経つも、ＯＩＳＴの内部は今もよくわからない」と打ち明けてくれた。筆者も、その気持ちはよくわかる。

しかし、このような環境こそが、ＯＩＳＴ内に、専門分野や人的背景の違いを超えた関係者の間のさまざまな交流や化学反応を生み出しているのである。それらの点については、後で詳しく説明していく。

このようにして、筆者は、ＯＩＳＴという異世界、別空間ともいうべき場所に入り研究滞在していくことになったのである。

(2) 概略　組織や設立の経緯について

ここでは、まずＯＩＳＴの概略について紹介していく。

1）OISTの概略

沖縄科学技術大学院大学（Okinawa Institute of Science and Technology Graduate University：ＯＩＳＴ）は、２０１１年（平成23年）11月、沖縄県国頭郡恩納村字谷茶に設立された単一の研究科・専攻で、５年一貫制の博士課程のみの大学院大学である。

ＯＩＳＴは、短期間で国際的にも研究成果が評価され、国内外からの注目が集まりつつある大学である。

2）ＯＩＳＴの設立の経緯等

沖縄に新しい国際的大学院大学（後のＯＩＳＴ）を創設するという構想が発表されたのは、今から約20年以上前の２００１年６月であった。その構想の原点は、衆議院議員の故尾身幸次氏が、当時の内閣府特命科学技術担当大臣で沖縄および北方政策担当大臣も担当したことにある。尾身氏は、両方の担当大臣として、科学技術と沖縄政策という全く関係ない課題を重ね合わせて、「沖縄振興」および「世界トップクラスの科学技術拠点」を沖縄に創設という構想を提案したのである。

編集的創造性という考え方がある。これは、全く別のモノを組み合わせ編集し直すことで新しいものを創造するというものだ。尾身氏のこの構想は、偶然性もあっただろうが、沖縄という場所で行われた「編集的創造性」の賜物であったということができる。

尾身氏は、国内外の多くの賢者らに意見を聞き、有馬朗人氏（故人。東大総長、理化学研究所理事長、文部大臣などを経験した元参議院議員）などの協力を得て、構想を推進した。有馬氏は、「旧帝大でやらなかったことをＯＩＳＴでやる」ことを考えていたという。

２００５年9月には、ＯＩＳＴのパイロット組織ともいうべき、沖縄科学技術研究基盤機構（OIST Promotion Corporation）が、国会で可決した２００５年法律第26条に基づいて発足された。この時期の状況については、拙記事「研究は正にチームワークの成果・研究支援人材…ＯＩＳＴのＳＭの島貫瑞樹さんに伺う」（Yahoo! ニュース、２０２２年12月22日）等を参照。

そして、２００９年（平成21年）7月には、沖縄科学技術大学院大学学園法（２００９年法律第76号）が公布された。同法により、ＯＩＳＴは、その設置および運営に関し必要な事項が定められ、沖縄を拠点とする国際的に卓越した科学技術に関する教育研究の推進を図り、もって沖縄の振興及び自立的発展並びに世界の科学技術の発展に寄与することが目的と定められたのである。

２０１１年（平成23年）11月に、文部科学省（ＭＥＸＴ）により大学として認可され、大学院大学および学園（沖縄科学技術大学院大学学園）が設置され、ＯＩＳＴが建学されたのである。

そして、２０１２年（平成24年）９月に第一期生が入学し、２０１８年２月第一期生の卒業生が誕生したのである。

ピーター・グルース学長（当時）は、第１回学位授与式（卒業式）に関して、「ＯＩＳＴの第１期生として入学した卒業生はパイオニアです。未熟で実績もなかったＯＩＳＴに、彼らと同様に可能性があることを見出したのです。彼らはＯＩＳＴの手法が卓越した成果を生むことを共に証明したのです」（ＯＩＳＴ動画「ＯＩＳＴの10年の歩み」）と高らかに語っている。

このようにして、ＯＩＳＴは、政治および日本政府主導で創設された大学であり、その設立の経緯から、沖縄振興予算が活用されている。そのために税金が投入されているが、文部科学省所管ではなく内閣府管轄の私立大学なのである。筆者の知り合いの文科省の元政府高官だった方は、「尾身先生に相談を受けた際に、ＯＩＳＴは国立大学にしない方がいいと進言した。国立大学にすると今の国立大学の枠にはまってしまうので」といわれていた。このような意見やアドバイスが活かされて、ＯＩＳＴの組織の原型が形成されていったようだ。

なお、ＯＩＳＴの２０２２年（令和４年）度の予算は、２３５億円で、そのうち沖縄振興予算（総額：２・６８４億円（２０２１（令和3年）年度：３・０１０億円））から１９３億円（同年：１９０億円）の当初予算に加え、25億円の補正予算（前年度）が措置され、さらに、17億円の外部資金などのその他の収入から構成される規模である。年度により若干の増減はあるが、近年はほぼ横ばいである。政府からの資金は２１０～２２０億円前後でフラット化してきている。なお、ＯＩＳＴ自身も外部資産の獲得に力を入れてきており、それは徐々にではあるが、増えてきている。

(3) 組織運営は「総合芸術」である

それでは、次にＯＩＳＴが実際にどのような運営や活動がなされているのかについてみていこう。

ＯＩＳＴは、先述したように、その研究力の高さや研究者に対して、国内外から高い注目が集まっている。しかし、筆者が、実際にＯＩＳＴに滞在生活しながら研究した経験や知見からすると、研究やその活動をみるだけでは、ＯＩＳＴの全体像はわからないと強く感じる。

まして、その全体像や日本社会などにおける意味やその役割を知りたいのであれば、それを支えるあるいは周辺の仕組み・施設や人材、さらに日本社会や沖縄において置かれた立場なども含めてみていく必要があるといえるだろう。

このことは、別言すると、ＯＩＳＴは、ある意味で、音楽・絵画・建築・舞踊など複数の分野の芸術が混交され編集されて創造される映画などの総合芸術に非常に類似している存在であるということができる。

そこで、ここでは、総合芸術的視点から、ＯＩＳＴをみていくことにしたい。そのために、映画の「エンドロール」についても言及しておきたい。

ＯＩＳＴは、映画のような存在だと述べた。映画では、どうしても一般的には監督や主演などのキャストに注目が集まる。そのために、それ以外の方々はあまり注目されることはない。

しかし、実際に作品が完成されて公開されるためには、監督やキャスト以外にも、プロデューサー、多種多様なスタッフ（助監督、カメラ担当、音響担当、音楽担当、小道具係、メイクアップ担当、衣装作成担当等）、製作委員会、スポンサーなどの実に多くの方々の協力や仕事が必要なのである。特に新しいテクノロジーや企画・工夫が施された作品の場合（近年そのような作品は非常に増えてきている）は、他の作品にはない新たな役割や業務を担った方や役割・役職の方々が必要なのである。

それらの多くの方々の大部分を網羅してクレジットが記載されているのが、映画の終わりに表示される「エンドロール」だ。映画は、そのキャストだけでは、その作品の全体像がわからないが、その「エンドロール」をみれば、その全容のかなりの部分がわかるのである。

その意味で、OISTの場合も、その「エンドロール」（図表3－1参照）をみないと、その本質や社会的意義はみえてこないということができるのである。

そこで、ここでは、OISTに関して、研究ばかりでなく、その他の面も含めて、できるだけ多くの側面、つまりOISTの「エンドロール」の面からみていくと共に、検討していくことにする。

1）監督、製作委員会など…ガバナンスと運営

ここでは、「OIST」という総合芸術の作品を制作していくための土台・体制を整備し、作品として作成・完

図表 3-1：OIST の「エンドロール」

役割等	内容
監督・制作委員会など	ガバナンスと運営
主役・脇役など	世界最高水準の研究を実現する研究体制（構成・ファンド・サポート）
スタッフなど	研究体制および研究活動実現、アドミの仕組みなど
研究など	研究者、作品テーマ、研究活動など
舞台あるいは作品としての OIST（舞台・セット・小道具・大道具など）	OIST という別社会・別世界、沖縄など

出典：筆者が作成。

成（ＯＩＳＴは、後述するように現在も作成の過程にあり、完成していなかった）させていくガバナンスや運営などについてみていこう。

ＯＩＳＴは、日本国内の組織であり、当然に国内の法律の規定が適用されている。だが、先述したようにある意味政治的につくられた組織であり、沖縄科学技術大学院大学学園法という独自の法律が施行・適用されており、文部科学省が認可した私立大学として「私立学校法が定める独立したガバナンス」が実施されている。その意味からも、この構想がそれまでの政策枠組みに収まらない画期的なもので「超法規的存在」ともいうべきものであるともいえる。

またＯＩＳＴは、主要な運営資金は税金であるが、私立大学であり、文科省所管の国立大学の枠外にある。そして、沖縄振興予算から支出される国の税金が活用されているので、その所管は内閣府であり、その意味からも、国立大学を含む日本の大学とは異なる運営ができるようになっている。

そのような条件の下に、ＯＩＳＴは、その独自性を担保できる仕組みや工夫がなされている。

まずＯＩＳＴは、次のような独自の理念、ビジョン・ミッション（ＯＩＳＴのＨＰ）を、その設立以来掲げて、その達成を目指して邁進している。

①基本理念

・世界が認める大学院：人類に恩恵をもたらす、世界最先端の学際的研究を行う機関としての地位を確立することを目指す。

・選ばれるパートナー：沖縄でのイノベーションの実現にとって最適なパートナーとなり、触媒としての役割を果たすことで、経済成長と持続可能な利益を促進し、日本及び国際社会にとって重要な問題に対応するための役割を果たすことを目指す。

・選ばれる目的地：効率的な事務部門の支援の上に、科学と教育を結びつけて、イノベーションと起業家精神を涵養し、研究・学習・共同活動の目的地となることを目指す。

②ビジョン・重視する価値・ミッション

・ビジョン：人類のための知の前進。その基本コンセプトは、「世界最高水準」「国際性」「柔軟性」「世界的連携」「産学連携」となっている。

・重視する価値・卓越性・他者の尊重・責任感・透明性・持続可能性・多様性・勇気・

自由。これらが本学の全ての行動の基盤となる。なお、この点に関して、筆者がヒアリングをしたOISTのあるスタッフは、「OISTで仕事をして、女性として不快だと思ったことは一度もない」と発言していたが、この発言からもOISTの掲げる価値などが単なるお題目でないことがわかる。

・ミッション：先駆的大学院大学として、科学的知見の最先端を切り拓く研究を行い、次世代の科学研究をリードする研究者を育て、沖縄におけるイノベーションを促進する拠点としての役割を果たす。

次に、OISTは、このような理念等の下に、それらの実現のための独自のガバナンスの仕組みが構築されている。

具体的には、OISTは、その理事会は現在4名のノーベル賞受賞者や欧米・アジア・日本の科学・ビジネス・教育等の分野の世界のリーダーからなる17名のメンバー（含議長および副議長）で構成されている。その理事会の下において、私立大学として独自の運営が行われている。そしてまた評議員会は、同大学の幹部に広範な国内外からの視野を提供する仕組みになっている。

またOISTの代々のトップは、OISTの前身の沖縄科学技術基盤整備機構理事長のシドニー・ブレナー博士（ノーベル生理学・医学賞受賞者）、初代理事長・学長のジョナサン・ドーファン博士（スタンフォード線形加速器センター（SLAC）元所長）、前理事長・学長のピーター・グルース博士（マックス・プランク学術振興協会元会長）など国際的にもトップレベルの外国の方々が務めてきている。そしてまたOISTは、グルース博士が2022年12月31日に学長を退任したがその後、カリン・マルキデス博士が2022年6月1日付で新理事長・学長に就任した。

同博士は、スウェーデン出身で、元々は化学分野の研究者だが、スウェーデンのイノベーションシステム庁「VINNOVA」副長官、同国チャルマース工科大学学長兼理事長、アルメニア・アメリカン大学（カリフォルニア大学提携校）の学長などを歴任し、大学を含む組織運営のプロ中のプロで、これまでの学長に勝るとも劣らずの人材だ。

本件に関しては次の記事を参照されたい。「OISTでは、新学長兼理事長の選出にあたって、13名の委員からなる選考委員会を2022年3月に発足。OIST学園理事会理事や教職員などが委員を務め、その中には3名のノーベル賞受賞者も含まれているとのことだ。そして新学長の候補を世界中から募った結果、370を超える応募があったという。その後オンラインでの面接などを経て、11月までに候補者は3名まで絞られ、沖縄の地で2日間にわたる面接を実施し、マルキデス博士が選出されたとする。」（「OIST第3代学長兼理事長にカリン・マルキデス博士が就任　同大初の女性学長」マイナビニュース、

2023年5月3日）

しかも、ＯＩＳＴ初の女性学長である。それは、女性進出の必要が叫ばれながらも、国際的にはジェンダーバランス的に非常に劣位にある日本の現状では、重要な意味をもつといえる。

このように、ＯＩＳＴのガバナンスやトップが国際的にも優れた方々から構成されていることは、国際的に高い評価を得るという意味でも、日本の国内外的にとっても非常に重要な要素なのである。

上述したような理念や人的構成等は、日本の組織の場合、表面的でお題目であることが多い。だが、ＯＩＳＴは、日本社会を超えた国際的に通用する人的構成からなる理事会および評議員会によるガバナンスで実際に運営されている。その意味でも、ＯＩＳＴは、理念等が組織における実際のガイドラインとして機能するように構築されている欧米の組織に近いといえるだろう。なお、そのすべてが必ずしも実現しかつ有効に機能しているわけではない。

しかしながら、その国際的水準の理念等を実現し達成すべく、日々試行錯誤の実験・試みや改善等がなされている。それらのことが、ＯＩＳＴの今日の成果や評価につながっているといえるだろう。また、筆者は、何人かの理事や評議員からお話を伺ったが、その全員がＯＩＳＴに愛着をもち、何らかの形で「ＯＩＳＴに貢献したい」と考えており、実際にさまざまな活動にも関わられていた。

そして、これらの日々の試行錯誤やそのためのさまざまな議論や活動が行われており、「（ＯＩＳＴで仕事をすることは、）エキサイティング！」という加藤重治事務局長・副理事長が何度もいわれていた言葉や「ＯＩＳＴは、日本にない環境なので、非常に面白い（河井哲也ＩＴディビジョンＣＩＯ兼情報技術担当副学長）」という言葉は非常に的を得た表現であるといえる。筆者も、ＯＩＳＴ滞在中は常にそう感じたものである。

以上のことからもわかるように、ＯＩＳＴは、理念等がある意味「国際的公約」になっており、国内法制に則しながらも、その公約実現のために、「エキサイティング」な日々の試行錯誤がなされ、日本国内の論理を超えた運営がなされる仕組みになっているということができるのである。

2）主役・脇役などのキャスト…世界最高水準の研究を実現する研究体制（構成・ファンド・サポート）

OISTは、その設立準備（前身の前段階の「独立行政法人・科学技術振興機構（JST）の新大学院大学先行研究事業（2004年4月～2005年8月）」や前身の「独立行政法人・沖縄科学技術研究基盤整備機構（2005年9月～2011年10月）」の時期）から、優秀な研究人材確保のために、特定の科学分野よりも候補者の卓越性を優先させるという考え方から、最先端の学際的研究を実施できる研究者を世界中から参集させてきた。彼・彼女らは、国内外からOISTに注目を集めるうえで重要な役割を果たし、研究成果を生み出す「キャスト」であり、「主役」といえる。

OISTは、そのような人材確保のために、日本ではほとんど行われていないが、海外では研究機関などでも採用されているハイトラスト・ファンディング・モデル（HTFM）という仕組みを採用している。それは、優秀な人材に対して、厳正な審査・評価に基づいて選出し、選出された人材に対しては信頼し自由度の高い資金を提供し、高い柔軟性や自由度の下で研究に専念できる環境を提供する仕組みである。それはまた、新規性やイノベーションを生み出す研究活動や成果を生み出しやすい環境を提供しているといえる。なお最近では、専制主義の中国社会でも多くのイノベーションが起きてきていることから、潤沢な資金は必要だが、柔軟性や自由度の高い環境は必ずしも重要ではないというような意見も出てきている。

その仕組みでは一方で厳しい評価も行われる。具体的には、5年に一度の外部審査コミティーによる厳格な審査が実施され、次期の採用継続や予算規模などが決定されるようになっているのである。評価の結果、雇用が継続されない場合もある。なお、このような厳正かつ適切な評価を全教員に対して行なうために「評価者をみつけ、評価パネル（コミティー）をつくるには、多くの調査をし、当該分野の人材を探し、他の方の協力やアドバイスなどを受けながら行うので、簡単なことではなく、非常に大変だ」（ミリンダ・プロヒッタ教員担当学監（当時））という。

また、あるＯＩＳＴのスタッフの方は「仕組みは基本的に性善説でつくられている」と指摘していたが、ＯＩＳＴはその都度のセレクションや審査は厳しいが、選ばれればその人材を信頼し、自由度の高い活動ができるようになっているということだろう。

余談になるが、筆者は、このＨＴＦＭは大いに理解できるし、非常に親近感がある。それというのも、それが、筆者が、東京財団政策研究所（当時は国際研究奨学財団という名称）の設立（１９９７年）およびその後の運営に深く関与した経験があるからである。その研究部門では、優秀な研究者をリクルートし、資金を提供し自由度や柔軟度の高い研究をしてもらう仕組みを採用した。その仕組みに基づいて資金提供や給与提供を行うと共に、研究者には研究支援やアドミ的な業務から解放された環境（これも、後述する現在のOISTの提供している仕組みに非常に類似している）も整備し、レベルの高い研究に専念できるような条件や環境を提供したのである。同部門は、主に公共政策研究を行っていたので、理系中心のOISTの研究費の規模などとは大きく異なり、単純には比較できないが、OISTの現在の研究環境にかなり類似の環境（当時）を提供していたということもできる。その経験からも、OISTのように優秀で信頼できる人材を集め、自由かつ柔軟な研究環境を提供することが、最大かつ最も効率よく研究成果を生み出せるということを、筆者も強く理解し、感じているところである。

いずれにしろ、OISTでは、この仕組みを通じて、厳正な選択・選別に基づく信頼を通じて、自由度の高い研究活動および厳格な評価というメリハリのある対応がなされているのである。なお、OISTには、近年の財政的制約のため日本政府からの資金獲得（日本政府からの資金提供）における制約も生まれてきていると共に、研究者の外部資金獲得の必要性への外部からのプレッシャーも生まれてきている。

HTFMと対極なのが、日本の一般的な資金提供の仕組だ。それは、具体的には内容よりも形式や手続きなどを重視しており、研究における自由の幅を制限し、新規性やイノベーションを生み出す研究活動や成果の出しにくい仕組みで、「ロー・トラスト・ファンディング・モデル（LTFM）」とでも呼べるものである。日本政府にもこの問題に対して理解が生まれており、近年では資金提供における改善や工夫もなされてきている。

なお、図表3-2は、HTFMとLTFMの違いがわかるようにまとめたものである。

OISTは、研究・教育の面では、分野の枠を超えた学際的なアプローチを重視しており、分野ごとの学部や研究科などの壁がない（図表3-3参照）。そして研究棟は、現在5つ（うち1つは新設で2023年度に使用が開始された）があるが、各研究棟にはさまざまな異なる研究分野の研究ユニット（研究室）や研究施設・設備が配置されている。

研究ユニットは、研究棟の中に、分野別の壁やヒエラル

図表 3-2：HTFM と LTFM の比較（イメージ）

	HTFM	LTFM
対象者の選出	厳正	形式的
対象者への信頼度	高	低
研究の自由度	高	低
研究成果の評価	厳正	形式的
新規性	高	低

出典：筆者が研究や経験等から得られた知見に基づいて作成。

もなく、モザイク状に混在している。研究者の研究室に関連研究ユニットの研究スペースとは別に、複数の部屋ごとに横並びにまとめられており、異なる分野の研究者同士のインタラクションが起きやすいように配置されている。これらの環境や配慮などのために、異なる分野の研究者などが相互に交流し、相互に触発あるいは創発するような環境が形成されている。

ＯＩＳＴでは、すべての教員（教授ばかりでなく准教授およびアシスタント・プロフェッサーも含む）は、独立した研究ユニットを主宰し、自らの研究課題に責任をもつ仕組みになっている。研究ユニットは現在、物理学、化学、神経科学、海洋科学、環境・生態学、数学・計算科学、分子・細胞・発生生物学、工学・応用科学などの分野の91のユニット（２０２４年１月時点）が存在している。

ＯＩＳＴは、これだけでも日本では十分にユニークな存在だが、それだけで人材が世界中から参集し、世界水準の研究が行

図表 3-3：OIST と日本の一般の大学・研究所の比較

	OIST	日本の一般の大学・研究所
ヒエラルキー	なし（研究ユニット）	ピラミッド型
研究分野の壁・配置	なし、モザイク状	学部・研究科の存在
学際性	高	低（学際性の高い部局は有）

出典：さまざまな資料等を基に筆者が作成。

われる大学・組織が形成されているわけではない。

ここでは、自由度の高い豊富な研究費が提供され、各研究ユニットは恵まれた研究施設や機材購入ができるようになっている。また、「会議などの負担も少なく、教員が研究を一番中心に活動できる」（高橋智幸細胞分子シナプス機能ユニット・ディスティングイッシュトプロフェッサー（フェロー））環境がある。さらに共有して使用可能な高額な研究の機器や設備も整えられ、即利用できるようにもなっているのである。

また各研究ユニットには、博士号等を有する高い専門性のあるサイエンティストや技術者などがいるだけでなく、共有の研究施設等にも同様の高いレベルの人材が存在している。このような環境があるために、ＯＩＳＴの研究者は、新しい機器・機材などの活用の学習やデータ収集、研究の機器・機材や設備の活用などでもサポートを得られ、効率よい研究環境の下、メインの研究活動に集中でき、短期間で研究成果を出せるような仕組みが整備されている。そのために、「ＯＩＳＴでは短期間で成果がでてきている。京都大学の30年間とＯＩＳＴの10年間の研究成果を比較すると、同じくらいだ」（佐藤矩行マリンゲミックスユニット教授）などという意見も聞かれた。

研究の積極的な推進においては、研究の推進のための外部資金の獲得や機器・機材の調達なども重要な活動だ。ＯＩＳＴには、そのような活動でも、専門的な経験や知見等を有するスタッフがいて、必要な業務をサポートし、一教員・研究者が必要な研究費を獲得できるように貢献」してくれたり、「情報を提供して他部署と調整してくれる」（両引用ともＯＩＳＴスタッフ）体制も構築されている。

ＯＩＳＴは、このようにして「研究のサポート体制も、外国の大学や研究所と遜色ない」（高橋教授）環境があるのだ。

彼らは、ある意味で研究における「脇役」だ。だが、映画などの総合芸術では主役だけでは成り立たないのと同様に、「ＯＩＳＴは規模が小さいのでスタッフのサポートは効率的に活動をしていくうえで重要」（エイミー・シェン プロボスト兼マイクロ・バイオ・ナノ液体ユニット教授）であり、「良い研究者を集めて研究レベルだけ上げても、優れたアドミの人材もいないとダメ」（ＯＩＳＴスタッフ）などの意見からもわかるように、その研究の推進や成果の創出において、なくてはならない重要な役割を担っている。

このような工夫や整備された研究支援等の仕組みや環境（後述するアドミ業務のサポートなどもあることも忘れてはならない）が形成されているからこそ、世界最高水準の研究者が世界中から参集し（図表3-4参照）、相互に刺激し合いながら、規模としては限定的だが、ＯＩＳＴでは、国際的にも高いレベルの研究がなされてきているのである。これこそが、ＯＩＳＴが、「研究者の楽園」といわれる所以だ。

他方で、このような恵まれた環境だからこそ、「逆に研究しないといけないし、研究をやる人材が集まっているのだ」（高橋教授）。

3）教員・研究人材

次に、教育面をみていこう。ＯＩＳＴには、単一の研究科・専攻による５年一貫制の博士コースのみがあるだけだ。その意味からも、ＯＩＳＴは、大学というよりも博士号を提供できる研究所に近い存在で、学生は、給与的役割の経済支援等が提供され（日本国内ではここまで整った支援がなされている大学は他にない）、より具体的には学生全員に学費相当額および生活費相当額からなるリサーチ・アシスタントシップを支給している。また研究目的の訪問旅費や国際会議出席旅費等も支給。研究者の卵的な扱いがなされており、学生も研究に専念できるようになっている。

また同コースは、学生一人一人各人に合わせた博士論文研究に向けたプログラムを、研究ユニット（ラボ）での実験・活動と並行して、履修することができるようになっている。

図表 3-4：教員・研究人材（2024 年 1 月現在）

項目	人数	外国人	女性
教員	91 名	58 名(64%)	17 名(19%)
研究ユニットスタッフ	484 名	326 名(67%)	186 名(38%)

出典：OIST の HP

ることなく、博士課程の学生は科学技術の異なる分野が交わる領域における探求活動をすることが奨励されている。入学1年目には、3つの研究ユニット（うち1つは自身の専門外の分野のユニットの選択が必須となっている。これも広義の意味での「別分野」の選択で良いようで、柔軟な対応がとられている）を随時回遊しながら関与するLab Rotation（研究室異動制）の研究・教育の仕組みが組み込まれている。その制度は、「いい仕組み」（佐藤教授）として教員らからも評価されている。

現在学生3名に対して教員1名程度の対応が形成されていて、最先端の先進科学を学際的に活用できる科学者が育成される教育環境が整備されている。このように学生数に対して教員数が多いので、教員や科目によっても違いがあるようだが、「教員は基礎を教え、（家庭教師が一対一の教育をするような）チュートリアル形式で教えたり、アドバイスを与えるなどで、学生が学び」（高橋教授）ながら、先述の研究室での経験と組み合わされて学べると共に、学生は個別に教員からメンタリングも受けることもできるなど、羨ましいほどの恵まれた教育環境にある。

他方、ＯＩＳＴの学生への対応に関して、学生の問題や課題を議論する場はあり、横の情報共有・コミュニケーションは良いが、上からの指示や情報の共有・透明性および問題・課題解決のための仕組みなどの改善や工夫を求める意見なども伺った。

また先述したように研究ユニットや共同研究施設には、サイエンティストや技術者なども存在しており、それらの中には、一般の大学であれば教員と呼べる存在の方々も多数存在していることを考えると、学生と教員との比率的にみても、学生にとって、ＯＩＳＴは非常に恵まれた環境にあるということができる。

その結果、図表3-5と図表3-6からもわかるように、世界中から優秀な人材が集まってきており、その合格競争率はかなり難度が高くなってきている。なお、ＯＩＳＴの場合、学生の選抜は、国籍や出身地は考慮の対象でなく、あくまでも「学生のレベルのみが基準である」（ウルフ・スコグランド研究科長兼構造細胞生物学ユニット教授）という。

図表 3-5：博士課程学生の内訳（2024 年 1 月現在）

[287 名 / 出身地 54 カ国・地域]

	合計	外国人	女性
博士課程学生	287 名	80％	38％

出典：OIST の HP

図表 3-6：博士課程学生の出身国・地域（2024 年 1 月現在）

［287 名 / 出身地 54 カ国・地域］

国・地域	人数
日本	57 名
インド	32 名
ロシア	22 名
アメリカ、中国（2 カ国・地域）	16 名
イギリス	15 名
台湾	13 名
インドネシア、フランス（2 ケ国・地域）	8 名
カザフスタン、スペイン、ドイツ、メキシコ（4 カ国・地域）	6 名
ウクライナ	5 名
イタリア、エジプト、オランダ、ブラジル、韓国（5 カ国・地域）	4 名
イスラエル、カナダ、スイス、パキスタン、フィリピン、ベトナム、ポーランド（7 カ国・地域）	3 名
チェコ、マレーシア（2 カ国・地域）	2 名
アルジェリア、アルゼンチン、イラン、ウガンダ、エクアドル、オーストリア、キプロス、ギリシャ、クロアチア、コロンビア、シリア、シンガポール、スウェーデン、スリランカ、スロバキア、スロベニア、ハンガリー、フィンランド、ベラルーシ、ベルギー、マダガスカル、ラトビア、ルーマニア、レソト、レバノン、香港（26 カ国・地域）	1 名

出典：OIST の HP

以上のようなことから、教員および学生は、近年では世界中の優秀な人材から希望者がうなぎ上りに集まってきており、OISTは、その半数以上を海外から採用してきているのである（図表3-4、図表3-5、図表3-6、図表3-7を参照）。また、OISTは、「日本の学生も憧れてくるようになった」（佐藤教授）存在となっている。

なお、OISTは、その設立目的にもあるように、そのガバナンスと活動を国際・世界レベルでかつ多様な人材で行うために、研究・教育のすべては英語で実施されている。しかしながら、学生から聞いたところでは、OISTの入試時点では、英語力の能力はそれほど重視されず（もちろん、英語力がないと入学後にかなり苦労するようであるが）、能力や研究意欲などの幅広い観点から可能性が判断され、世界中から多様な学生が集まってきている。また入学前にインターンに参加し、OISTを気に入り入学してくる学生も多い。

また、OISTは、学生の自立性などが尊重されるが、厳しい評価がなされるなどのために、その「環境に合わずに退学していく学生もいる」。だが、多くの学生は、「場所的にクローズドで不便さなどもある」し、「新しい組織ゆえの長短所がある」が、「恵まれかつオープンな環境で、金銭的な心配なく、学び、研究し、国際的な人的ネットワークを築きながら、充実した生活を送っている」ようだ。

他方、授業のカリキュラムは、設立後10年以上が経過して教員の入れ替えなどもあったが、「あまり変更されていない。見直していくべきだ」（佐藤教授）という意見もあった。OISTは、教育機関としても、時代や教員の変化等に伴うアップ・ツー・デート化も必要なようだ。

さらに、OISTは、日本の組織では一般的といわれる、先に人材を採用・確保し後から仕事を割り当てる雇用の仕組みであるメンバーシップ型雇用（近年では、このメンバーシップ型雇用が、日本の成長や変化や企業等の組織の制約などから、変更されたり限定的になり始めている面も生まれてきている）ではなく、組織に必要な職務をこなせる能力のある人材を採用するジョブ型雇用を採用している。そのために、先述した教職員の間ともいうべき多くの中間的人材以外にも、財務・広報・人事・アドミやアシスタント・会議や活動運営・カウンセラー・大学の設備・街づくりなどのさまざまな分野における高い専門性のあるスタッフ等（これらのことに関しては、後でまた詳細に説明する）も活躍している。

これに対して、日本の多くの大学の場合、教員がかなりのアドミや活動の企画運営などの役割も担っていることが多い。そして、外部資金の獲得なども、教員に大きな負荷がかかっている場合が多い。なお、職員の中にも多方面で活躍されている方々がいることも付記しておきたい。

以上のことからもわかるように、ＯＩＳＴは、日本の一般的な大学とは大きく異なる対応や環境にあることがわかるだろう。

日本における社会や組織では、少子高齢化に基づく生産年齢人口の急激な減少に伴い、外国人を含めた多様な人材に活躍してもらう必要性が生まれてきている。実際に、出入国在留管理庁の２０２２年10月14日の発表によれば、２０２３年６月末現在の日本には、中長期在留者数は２９３万９０５１人、特別永住者数２８万４８０７人で、これらを合わせた在留外国人数は３２２万３８５８人となっている。これは前年末（３０７万５２１３人）に比較して、１４万８６４５人（４・８％）増加した。

図表 3-7：教職員の内訳

教職員 1,092 名 /69 カ国・地域（2024 年 1 月現在）

項目	人数	外国人	女性
教員	91 名	58 名(64%)	17 名(19%)
研究ユニットスタッフ	484 名	326 名(67%)	186 名(38%)
研究支援スタッフ	85 名	38 名(44%)	33 名(39%)
事務スタッフ	432 名	84 名(19%)	311 名(72%)
教職員全体	1,092 名※	506 名(46%)	547 名(50%)

出典：OIST の HP

※この数字は OIST が雇用契約がある教職員（1080 名）と業務委嘱関係のある adjunct 教員（10 名）＋ OIST 採用決定があるが現雇用先での仕事でまだ移ってきていない transitional 教員（２名）の合計である。

図表 3-8：教職員の出身国・地域（2024 年 1 月）

［1092 名 / 出身地 69 カ国・地域］（注）

国・地域	人数
日本	586 名
アメリカ	69 名
インド	56 名
中国	37 名
イギリス	30 名
ドイツ	24 名
ロシア	23 名
台湾	21 名
フランス	20 名
イタリア	15 名
カナダ、韓国、未公開（2 ケ国・地域）（注 1）	11 名
スペイン	10 名
ブラジル、メキシコ（2 ケ国・地域）	9 名
アイルランド、インドネシア、オーストラリア（3 ケ国・地域）	8 名
ベルギー	7 名
ニュージーランド、フィリピン（2 ケ国・地域）	6 名
イスラエル	5 名
イラン、ウクライナ、エジプト、チェコ、トルコ、バングラデシュ、ベトナム、ポーランド（8 ケ国・地域）	4 名
オランダ、オーストリア、ギリシャ、スイス、スウェーデン、ペルー、ポルトガル、マレーシア、リトアニア、ルーマニア、南アフリカ（11 ケ国・地域）	3 名
アルゼンチン、カザフスタン、スロバキア、タイ、チュニジア、デンマーク、ハンガリー、フィンランド、ブルガリア（9 ケ国・地域）	2 名
アラブ首長国連邦、アルジェリア、イエメン、エストニア、ガーナ、コスタリカ、コロンビア、サウジアラビア、ザンビア、ジャージア、ジンバブエ、スリランカ、ノルウェー、パキスタン、ベナン、マダガスカル、モロッコ、ヨルダン、香港（19 ケ国・地域）	1 名

出典：OIST の HP

（注）未公開は国名には換算していない。

他方で、ＯＩＳＴの場合、これまでに説明した教員だけではなく、図表3-7および図表3-8からもわかるように、職員も含めてすでに多様な人的構成がなされており、「ＯＩＳＴでは、文化などの違いがあるので、それを意識して話すようにしているかもしれない」（ＯＩＳＴスタッフ）という環境にある。また、このような組織であるために、英語が公用語になっている。そのため、スタッフのなかには、「最初英語で苦労した。現場のなかで伸ばしていった」という方もいるようだ。

現在の日本国内で、このようなＯＩＳＴほど、従来からの日本型ではない仕組みや手法で運営され、国際的にもまたジェンダー的にも多様な人材で構成されている組織はない。

しかし、教員の女性比率は約19％で、日本の一般大学と比較すると低くはないが、当面30％の目標を掲げており、あるＯＩＳＴ幹部は「女性の優秀な教員の採用に気を配っている」と指摘していた。ＯＩＳＴでさえ、ジェンダーバランスの確保は大変なようだ。

他方で、ＯＩＳＴのある女性スタッフの「ＯＩＳＴで仕事をしていて、女性であることで嫌な思いをしたことは一度もない」という発言などは、ＯＩＳＴという職場の環境を象徴的に語っていると強く感じた。

また英語が公用語になっていて、国際的にも高い水準の研究や教育の環境が形成され、先駆的な試みで成果を出し得ている組織は他にないといってもいいすぎではないだろう。

その意味で、OISTは「働くと大変なことも多いが、面白い組織だ」というOISTスタッフの言葉には共感できるところだ。

これまで、OISTの設立、枠組みや組織概要等について検討し、そのユニークさなどについてみてきた。それを読まれて、その設立以来、その枠組みや組織体制があり、単線的に現在のような組織ができてきたと思うかもしれない。それは、事実ではない。組織作りやその運営に関わったことのある方ならわかるが、どんな組織でも、その成長や成果には、トップ以外にも多くの人材、さまざまな教職員・スタッフなどの関与や努力がある。それはOISTにもあてはまることだ。

そして、OISTは、「過度な負荷のある仕事や高い仕事のレベルが要求される」職場であるという意見や「リソースや人材が十分に活かされていない」という意見もあった。また、あるOIST幹部は、高い期待感からだろうが、OISTは、「まだ未熟な組織」、「プロ意識は必ずしも高くない、守りに入っている」、「成長や動きが遅い」」、「OISTのような予算がある組織では、民間の組織よりも、スタッフを鼓舞するのが難しい」などという厳しい指摘もしていた。筆者も滞在中に何度か同様のことを感じたこともあった。だが、これは、OISTが今も進展、発展、成長している組織の証だということもできるだろう。

いずれにしろ、多くの人材の関与や尽力があるからこそ、現在の形が形成され、リソースのさらなる活用なども行われることで、今後のさらなる発展や成長の可能性があるだろう。

特にOISTは、いまでこそ、成果が生まれ、社会的に評価されるようになってきているが、その構想段階および設立当初は、それ以前には誰もみたことのない新しいモデルの大学をつくるというその高い理想やユニークさは飽くまでも不確実なものであり、社会的にもなかなか理解されていなかったはずだ。組織作りには人材が必要だが、困難も多かっただろう。

だが、だからこそ、OISTの構築に関わり、新しい革新的な大学づくりにキャリアを賭け、尽力しようとした方々もいるのだ。筆者は、研究滞在中のヒアリングでも、そのことを実感した。すべての方々を記すことはできないが、その一部の人物を紹介したい。

それはまず、銅谷賢治教授だ。同教授は、OIST設立の7年前の2004年から開始されていた先行の研究事業から関わってきた研究者だ。

１９８０年代は、東京大学工学部の学生や助手として、計算科学および神経科学という異なる２つの研究分野を組み合わせた研究を行い、工学的な応用と脳の理解にともに役立つ学習アルゴリズムを開発して、動物や人間などのように、自分で学習するロボットの発明を目指していた。他方、当時から２０００年代初頭においては、日本には、そのような複数の異分野を横断し学際的なアプローチをとっている大学の学部や学科はほとんどなかった。そんな折、新しく学際的な研究・教育を推進する国際的な大学院大学を沖縄に設立しようという取り組み（これこそが現在のＯＩＳＴの設立である）があるという話が入ってきた。銅谷教授は、当時は世界トップクラスの大学を沖縄に創設という構想に対して懐疑的な研究者もいたが、この話を受けて、次のように思ったそうだ。なお、次の引用箇所は、「ノーベル賞の受賞者も育んだ沖縄科学技術大学院大（ＯＩＳＴ）、仮設で始まった異能集団」（ルシー・ディッキー、朝日新聞Globe＋、２０２２年11月21日更新）および現地でのヒアリングからのものである。

「日本の由緒ある大学や研究機関からもオファーを頂きましたが、既存の枠に自分をはめ込むよりも、ゼロから新しい研究の場を作る方がはるかに面白いだろうと思いました。ＯＩＳＴは当時、まだ構想段階にありましたが、自分自身の研究の幅を広げるとともに、学際的かつ国際的な研究拠点を構築する良い機会になると思いました」

「知り合いの教授は、どうせこれは地元の建築業のために建物を1つか2つ建てて終わりになるだろう、などと言っていました。しかし私は、カリフォルニア大学サンディエゴ校のポスドクとして、若い大学が魅力的な自然環境と新しい研究分野への取り組みで成功する例を目の当たりにしていました。そこには、分子生物学や計算神経科学など、新しい研究分野を志し既存の枠にとらわれない研究者や学生が集まり、大きな成果を上げていました。私は、同じことが沖縄でも可能だと思いました」

さらに、銅谷教授は、「当時、日本の大学の先生方は楽しそうでなかった。そこにいても自分もダメになる」と思ったそうだ。

そのような考えのもとで、銅谷教授は、主任研究員（PI）として、2004年にOISTの最も初期の先行研究事業に着任する。当時、主任研究員は同教授を含め4名に過ぎず、事業が行われていた研究施設は沖縄本島の東海岸の具志川市（現うるま市）の工業団地の中の仮設の研究棟に置かれていて、ほぼゼロからのスタートだった。

同教授は、「予算規模の大きなOISTの先行研究の研究活動を行いながら」、限られた数の研究者や事務スタッフと共に、すべての施設と体制をゼロから整えることなどにチャレンジしていったという。より具体的にいえば、「ゼロからの立ち上げで、組織ルールをつくり、人の採用に貢献したり、PIコミュニティのチェアとして、研究員の意見をとりまとめて、その成果を組織に反映させたり、新しい大学づくりに関わ」ったが、「新しいことをつくることは面白かった」し、「決まったことをやるのは元々嫌いな性分で、OISTだからやった」そうだ。

銅谷教授は、当時のことを振り返り、次のように語っている。

「電子メールの設定から、実験施設、安全委員会、倫理委員会など、研究を行うために必要なあらゆる設備や規程やサポート体制を整える必要がありました。この全く新しいチャレンジに思い切って参加してくれた当初の研究室のメンバーには大変感謝しています。私たちは、あの仮設の施設から世界レベルの科学研究が行えることを証明したのです。本当に楽しかったです。みんながみんなを知っていて、毎週金曜日には全ラボと事務系のスタッフがラウンジに集まって、飲みもの片手に研究紹介の会を開いていました」

OISTは、その後2010年には現在の恩納村の新キャンパスに第1研究棟ができ、現在大きく成長し第5研究棟ができ、今では60以上の国や地域から1000人以上が集まり、当初からの国際的で学際的な大学の構築の構想は、現在も着実に実現されてきている。

このようなこれまでと現在そして今後のさらなる発展の可能性があるのは、その構想および設立以降、ＯＩＳＴの実際の構築や運営において、銅谷教授をはじめとするさまざまな人材の前例のない新しい組織作りに関わりたいという意思と想いそして尽力とコミットがあったからだ。

銅谷教授は、「ＯＩＳＴに来る人は、新しいものを創りたい、効率よくやりたいと考えている。欧米やアジアなどから人材が集まり、それぞれのやり方は異なるので、固定概念は、ここでは成り立たない」と語った。「伝統ある大学の組織やルールを変えることは非常に難しい。でも、ＯＩＳＴには伝統や慣習はありませんし、世界中から集まってくる人たちがそれぞれの国や組織のやり方の良いところや失敗例を持ち寄り議論する中で、世界中のノウハウを集める形で大学院のカリキュラムや教員採用、テニュア審査などのルールが作られ改訂されています」とも指摘した。

そのことは、ＯＩＳＴの今後の活動や成長にもあてはまるといえるだろう。

次に、ウルフ・スコグランド研究科長・教授も紹介したい。スコグランド教授は、先駆的なイメージ技術である電子顕微鏡トモグラフィーを活用して生体分子の3次元構造を捉えることに成功し、その論文を科学誌Natureで発表するなど構造細胞生物学の国際的権威だが、ＯＩＳＴでの歩みは、同僚から沖縄に素晴らしい新大学が設立されることを耳にした2010年に始まる。

「スウェーデンなどの多くの国々では、研究の方向性を変えることや、資金提供者が不可能だと考える研究提案に対して資金を得ることは困難です。しかしOISTでは、どんなに不可能に思えるような研究でも、自分で決めることができました」ということで、同教授は、研究者に与えられる自由と信頼度の高さにすぐに魅了された。

スコグランド教授は、「私は『不可能』という言葉を信じていません」という信念のもと、自身の研究分野で重要な進展を遂げただけでなく、OISTに一台目の電子顕微鏡を導入するため、資金の確保に奮闘したり、教授会（ファカルティ・アッセンブリー）議長を務めたのち、2018年に研究科長に就任し、当時の研究科は小規模から中規模に拡大し、学生数増加の対応のために研究科の再編という課題を担うなど、大学の発展にも極めて重要な役割を果たした。なお、同職務を2023年4月1日付でトーマス・ブッシュ教授に引き継いだ。

このような経験から、スコグランド教授は、「母国スウェーデンも日本も好きだが、母国で所属していた、世界を代表する医学系大学であるカロリンスカ研究所よりも、OISTは何倍も効果的な大学である」とも語ってくれた。

ここでの引用箇所は、現地ヒアリングおよび「科学に捧げた人生：ウルフ・スコグランド教授、『不可能』を克服する探求心」（ダニエル・エレンビ、ＯＩＳＴのＨＰ、２０２３年3月31日）などからのものである。

最後に、財務担当の比嘉伊作副学長も紹介しておきたい。沖縄出身で、日本、米国、ヨーロッパの民間金融機関、監査法人、世界銀行、国連機関などの多文化・国際的な環境のなかで、財務管理、予算・戦略策定、財務報告、規制関連報告・コンプライアンス、財務システム導入、デジタルトランスフォーメーション・プロジェクトなどの分野で、高度な専門性とリーダーシップを発揮し実績を残してきた財務分野の専門家だ。比嘉副学長は、勤務は短いが、ＯＩＳＴは「これまでの経緯から、税金を活用しているので、予算・経理・調達などは国の規定に準じている」が、「外部のアドバイスなども活かしながら、その立て付けをより有効なものに変えていきたい」し、「研究部門と事務部門との間に国際性のギャップがある」ことなども踏まえて、今後「自分のやれることで変えていこう」という考え方の下に、日本政府や沖縄県庁などとの良好な関係の構築などさまざまな活動を開始している。

このような試行錯誤や努力などにより、ＯＩＳＴは、世界中の優秀な研究者からの研究希望が増え、より厳しい競争が生まれ、そのことがさらに研究レベルを上げてきており、より効果的な運営などが展開されるようになってきているのである。

(4) 研究活動について

OISTは、研究機関ランキング発表などで世界的権威のあるNature Indexの2019年版の「質の高い研究機関ランキング」(図表3-9参照)で、創設から8年で9位に入るなど、国際的にも研究成果が評価され、国内外からの注目が集まりつつある大学である。

このランキングについては、一部の専門家は別として、必ずしも人口に広く膾炙されているとはいえないので、ここで説明しておきたい。

シュプリンガー・ネイチャー(Springer Nature)は、ドイツとイギリスに本拠を置いている学術出版の世界企業で、自然科学の分野で世界的に最も権威の高い総合科学ジャーナル「Nature」の出版社などを傘下に有している。同社は、論文に対する評価で世界の研究機関を格付けする「Nature Index」という権威ある年間ランキングを公開している。

「Nature Index」は、そのデータは定期的に更新されるが、独立した研究者グループが選出した、質の高い82の自然科学ジャーナルに掲載された研究論文への貢献度を追跡し、機関レベルおよび国・地域レベルにおける発表論文の絶対数や割合数を提供することで、質の高い研究成果および共同研究のグローバルな指標となっており、国際的に重要な位置づけと評価がなされているものだ。

２０１９年６月に発表された「Nature Index」では、研究機関で、日本トップの評価をされたのは、全体の９位の東京大学であった。同大は、教育機関に限ると５位であった。日本の大学で、全体ランキングの上位に入ったのは、京都大学（32位）、大阪大学（68位）、東北大学（70位）、理化学研究所（73位）、名古屋大学（93位）、東京工業大学（97位）、北海道大学（１１６位）、九州大学（１６７位）、物質・材料研究機構（２２１位）、産業技術総合研究所（２３１位）、慶應義塾大学（２７３位）であった。

また参考にであるが、「Springer Nature」は、２０２３年６月15日、質の高い自然科学と健康科学の世界研究機関の分析「Nature Index Annual Tables」（２０２３年版）を発表した。自然科学では、中国が首位に浮上した。なお、新設の健康科学では米国が首位を獲得している。

２０２３年度の自然科学分野（物理科学・化学・生物科学・地球環境科学）の研究機関ランキングは、１位「中国科学院」、２位「ハーバード大学（米国）」、３位「マックスプランク協会（ドイツ）」。中国の研究機関が、自然科学分野上位10機関中６機関を占め日本の研究機関では、自然科学分野では東京大学がトップであるが、２０２１年８位、２０２２年14位、２０２３年は18位で、年々ランクを落としている。他に、京都大学（44位）、大阪大学（74位）、東北大学（89位）がトップ１００にランクインした。

しかしながら、上記の指標の評価方法では、規模の大きな研究機関の方が、研究者の数が多いので、当然に高い評価を受けやすくなる。

そこでNature Indexは、当時の年間ランキングから、研究機関の規模に応じて調整することで、質が高い論文の発表割合や貢献度を反映させる「正規化ランキング」を初めて掲載したのである。これは、規模は小さくとも質の高い研究成果を出している機関を見出せるようにしたものである（図表３-９参照）。

その正規化ランキングで、ＯＩＳＴは、世界９位にランクされ、日本で一番高い評価を受けた教育機関となったのである。なお、ＯＩＳＴは、通常ランキングでは４３０位だった。

同ランキングで、東京大学が40位、京都大学が60位、大阪大学が93位、名古屋大学が95位だったことを考えると、このことからも、ＯＩＳＴが短期間で、国際的にも高い評価を得てきているということがわかる。

このようにして、ＯＩＳＴは、その研究力の高さや研究者に注目が集まってきている。

図表 3-9：質の高い論文の割合が高い研究機関ランキング

順位	研究機関名	設立年	国	備考
1	コールド・スプリング・ハーバー研究所	1890	アメリカ	生物学・医学の研究および教育を目的とし、最先端の研究で世界的に知られる研究所（民間非営利財団）
2	ワイツマン科学研究所	1934	イスラエル	自然科学のみの大学院
3	オーストリア科学技術研究所	2009	オーストリア	自然科学と数理科学の研究所
4	プリンストン高等研究所	1930	アメリカ	自然科学、数学、社会科学、歴史学の四部門からなる研究所
5	ブランダイス大学	1948	アメリカ	リベラルアーツ重視、私立大学
6	ロックフェラー大学	1901	アメリカ	生物学・医学分野などを中心とした私立大学
7	ジャワハルラル・ネール先端科学研究センター	1989	インド	学際的な研究機関
8	スイス連邦工科大学ローザンヌ校	1853	スイス	国立の理系中心の総合大学
9	沖縄科学技術大学院大学（OIST）	2011	日本	自然科学系中心の大学院大学
10	プリンストン大学	1746	アメリカ	米国屈指の総合私立大学。物理・数学の分野での研究は世界トッププレベル。全米でも有数のアカデミック・ハブを形成
		（略）		
40	東京大学	1877	日本	
		（略）		
60	京都大学	1897	日本	
		（略）		
93	大阪大学	1931	日本	
		（略）		
95	名古屋大学	1939	日本	

出典：筆者が情報を付加して Nature Index2019 などを基に作成。

ＯＩＳＴでは、スバンテ・ペーボ兼任教授が２０２２年のノーベル生理学・医学賞を受賞した。２０２２年は、日本の他の大学や日本人のノーベル賞受賞者はいなかったこともあり、日本でも、その受賞に社会やメディアからの高い注目が集まった。

ペーボ教授は、肩書である兼任教授だと、同大に名前だけがあるように思うかもしれない。だが、実はそうではない。ペーボ教授は、２０２０年同職就任以降、ＯＩＳＴのなかに自身のヒト進化ゲノミクスユニットを率いており、ゲノムデータを用いて現代人（ホモ・サピエンス）と古代のネアンデルタール人やデニソワ人のゲノムの比較研究を、ＯＩＳＴで実際におこなっている。

ペーボ教授は、人類の進化とゲノムに関するいくつかの画期的な研究で高い成果を上げて古遺伝学という新しい学問分野の確立に貢献、つまり絶滅したヒト科のゲノムと人類の進化に関する発見で大きな貢献をしたとして、２０２２年のノーベル賞を受賞した。同教授は、人類の祖先であるホモ・サピエンスと共存していた絶滅種ネアンデルタール人のＤＮＡ配列の解読に初めて成功し、後に全ゲノムの解読にも成功し、また２００８年にシベリアの洞窟で発見された古代人の指の骨のＤＮＡから、これまで知られていなかった絶滅したヒト科の一種「デニソワ人」を特定・発見し、人類の歴史に大きな影響を与えた。

そして近年では、７万年前に絶滅したネアンデルタール人とデニソワ人の祖先が交配し、現在の人類集団の一部にネアンデルタール人とデニソワ人の遺伝子が存在するという画期的な発見をし、「古ゲノム学」という新しい学問分野を切り開くなど、人類の進化の過程を理解する上でも大きな貢献を果たした。このような遺伝的な影響は、たとえば新型コロナウイルスなどの感染症の重症化リスクに影響を与えるなど今日的にも重要なのだ。

先述のことからもわかるように、ペーボ教授のＯＩＳＴでの研究は、ノーベル賞受賞の対象研究テーマにまさに結びついている。

ＯＩＳＴには、ペーボ教授以外にも、世界最先端の研究をされている多くの教員が優れた研究をおこなっている。ＯＩＳＴの教員の研究テーマは、基礎研究や（実用性とは無関係な科学である）ピュアサイエンス（純正科学）も多く、一般的にはわかりにくい面もあるが、「ピュアサイエンスは、他の大学ではできず、ＯＩＳＴだからこそできる」（高橋教授）という面もある。そこで、筆者の独断と偏見で、研究テーマのわかりやすさなども考慮して、何人かの教員やいくつかの研究などを紹介しておく。

ここでもまず、先述した銅谷賢治教授に再び登場願うことにする。

同教授は、その先行時期からＯＩＳＴの立ち上げにも関わってきているが、「沖縄での研究生活を目一杯楽しむこと」（「２０１９年度日本神経回路学会学術賞受賞者のことば」（銅谷賢治、日本神経回路学会誌Vol.26　No.4、２０１９年））という自身のミッションをもち、日焼けしたアスリート然とした風貌と体躯で、トライアスロンなども行い「沖縄をエンジョイ」（銅谷教授）しながら、研究においても異分野にまたがる世界最先端の研究を行っている。ＯＩＳＴ愛や沖縄愛が強く、まさに「The OISTer（オイスター）？」ともいうべき存在だ。

銅谷教授は、東京都出身で、東京大学卒、同大にて修士課程を経て博士号（工学）取得。その後、カリフォルニア大学サンディエゴ校、ソーク生物学研究所、ＡＴＲ脳情報研究所を経て、２００４年にＯＩＳＴ設立に向けた先行研究事業（２００５年から独立行政法人沖縄科学技術研究基盤整備機構）に着任し、先行研究代表研究者（２００４年～２０１１年）、沖縄科学技術大学院大学研究担当副学長（２０１１年～２０１４年）などを歴任し、現在ＯＩＳＴ神経計算ユニット教授である。

銅谷教授は、工学的な応用および脳の理解にも役立つ学習アルゴリズムの開発のために、計算科学と神経科学の二つの異なる研究分野を組み合わせた研究を行っている。それは、脳の大規模データ解析を行うには機械学習の手法が必須であり、また脳科学の知見は機械学習の研究者にインスピレーションとアイデアを提供できるからである。その意味からも、ている。

銅谷教授は、このような「全く新たな研究プロジェクトに取り組むにあたってはOISTの自由度の高い研究資金と質の高い研究支援は不可欠でした」（「銅谷賢治教授、ドナルド・ヘッブ賞を受賞」（OISTのHP、2018年7月31日））と述べている。

研究室では、経験から行動の仕方などを学び、さらに自分で行動の目標を探ることのできるロボットの開発に取り組んでいる。その開発を通じて、人間の脳内ではどのような処理がなされているのかを考察し、そのことが脳内の神経伝達物質の一つのセロトニンなどの神経修飾物質の役割を明らかにする画期的な研究へとつながり、「セロトニン」と「辛抱強さ」との関係に関する画期的な研究成果を発表してきた。

これらの研究は、例えば、うつ病治療で使用されている脳内のセロトニン濃度を高める選択的セロトニン再取り込み阻害薬は、その効用の仕組みはいまだ解明されていないために、セロトニンの脳における作用の

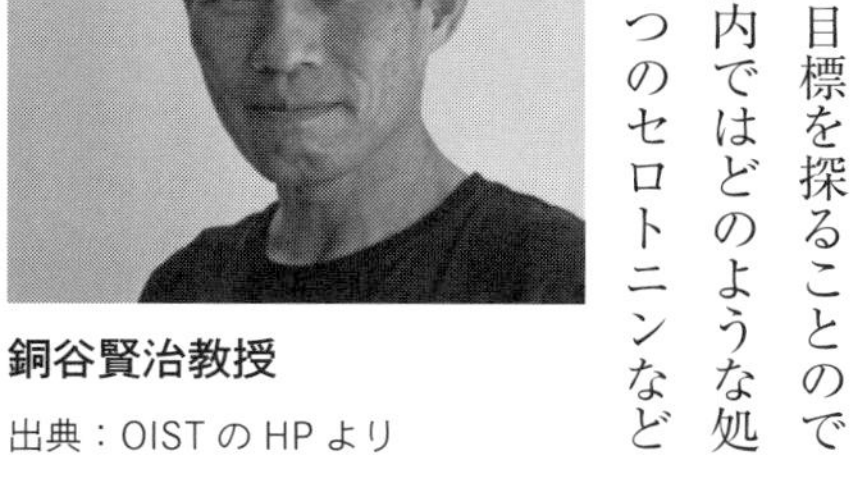

銅谷賢治教授

出典：OISTのHPより

仕方およびその放出制御のされ方などは重要な医学的意味を持つ可能性があるのである。

さらにこれまでの研究から「どこまで先の将来を予測すればいいのか」というような新たな問題設定も生まれ、それを探る新しい脳科学の研究プロジェクトが立ち上がったりもしてきている。

銅谷教授は、「大脳基底核や大脳皮質など脳の各部分に対する理解を統合して、〝脳のしくみがわかった〟と言えるようになりたい」（「ノーベル賞の受賞者も育んだ沖縄科学技術大学院大（ＯＩＳＴ）、仮設で始まった異能集団」（ルシー・ディッキー、朝日新聞Globe+、２０２２年11月21日更新））と考えているようだ。

このような研究およびその成果などから、銅谷教授は、２０１８年には、神経回路分野への生涯を通じた貢献が讃えられて、国際神経回路学会（ＩＮＮＳ）という国際学会から生涯貢献賞であるドナルド・ヘッブ賞が贈られた。同受賞により、銅谷教授は、教師なし表現学習分野の先駆者クリストフ・ヴォン・デル・マルスブルグ教授、教師あり誤差勾配学習分野の先導者バーナード・ウィドロウ教授、強化学習分野での新境地の開拓者アンドリュー・バート教授などの著名な方々と同じく同賞受賞者の一人に加わったのである。また２０１９年には日本神経回路学会学術賞およびアジア太平洋神経回路学会卓越業績賞をなお、OISTの学生のなかには、銅谷教授の論文を読んでOISTの存在を知った者もいる。そのことからも、OISTにおける銅谷教授の存在感がわかる。

次に、クリスティン・ラスカム教授を取り上げたい。ラスカム教授は、2021年4月、OISTの教員に着任し、パイ共役ポリマーユニットを立ち上げた。同ユニットは、マイクロプラスチック汚染の解明から、太陽電池、センサー、バイオエレクトロニクス（生体電子工学）機器に応用できる持続可能な機能性プラスチックの新しい製造方法の開発などの研究課題を取り上げ、ポリマーに関連する数多くの研究課題を目標にしている。

その一つの研究課題として、沖縄における海洋生物体内から検出されるマイクロプラスチックの量と種類を調査して、原因となる物質を特定する研究に取り組み、海洋生物に対するマイクロプラスチック汚染の実態の詳細を明らかにしている。

このマイクロプラスチックとは、最近国際的にも注目を集めている、海洋プラスチックの問題とも関係することなので、まずその点について説明しておきたい（「沖縄の海洋生物の体内から検出されるマイクロプラスチックを調査」（ダニエル・エレンビ、OISTのHP、2022年12月6日）など参照）。

海洋プラスチックとは、「私たちの普段の生活や経済活動から海に流れ着いたり、直接海や川に捨てられたりして、最終的に海洋を漂うプラスチックごみのことを指します。プラスチック製品は丈夫で長持ちするために、一度海に流れついてしまうとほとんど分解されることなく、海洋生物の生態系や私たちの生活にも悪影響を及ぼすとして、今さまざまな国や企業がこの問題について取り組んでいます。

海洋プラスチック問題を語るうえで欠かせないのが、マイクロプラスチックの存在です。マイクロプラスチックとは、5ミリ以下の微細なプラスチックのことを指します。マイクロプラスチックは、発生源の違いによって『一次マイクロプラスチック』と『二次マイクロプラスチック』に分けられます。いずれも、海に流れつくと魚やサンゴなどの生態系や、自然環境全体を脅かすものになります。」（「海洋プラスチック問題」（IDEAS FOR GOOD、閲覧日：2023年6月26日））

近年、マイクロプラスチックによる汚染度合いを測定する研究が実施され、地球上、いたる所でマイクロプラスチックが発見されて、食べ物や水、人間の母乳や、胎児が繋がっている胎盤の中からも検出され、深刻な結果が判明してきている。これらのプラスチックには、発達障害を引き起こす化学物質も含まれ、人間のみならず多くの生物に深刻な健康被害を生む可能性があり、マイクロプラスチックは汚染問題をはじめとする環境問題に大

きく影響を与えていると考えられている

以上のことからも、ラスカム教授の研究が、環境でも大きな問題になっている海洋プラスチック問題を解決していくうえで重要であることがわかる。

ＯＩＳＴのＨＰによれば、同教授は、神戸育ち。２０００年にケンブリッジ大学で自然科学の学士号を取得後、同大学のアンドリュー・ホームズ教授、ウィルヘルム・ハース教授の下で研究を行った。博士課程では超臨界二酸化炭素を用いた表面改質の研究に従事したが、有機化学の最優秀プロジェクトに贈られるシンジェンタ賞を受賞。２００４年１月、ポスドクとしてジャン・フレシェ教授のグループに加わり、有機太陽電池用半導体ポリマーの研究を行ったが、その際にはケンブリッジ大学のデマン・フェローシップやトリニティ・カレッジ・ジュニア・リサーチ・フェローシップを受賞した。

２００６年９月、ワシントン大学シアトル校の材料科学・工学部に着任。米国科学財団（ＮＳＦ）CAREER Award、米国国防高等研究計画局（ＤＡＲＰＡ）Young Faculty Award、ゼネラルモーターズの社長兼ＣＥＯであったアルフレッド・スローンによって設立された財団のSloan Research Fellowshipなど数々の若手教員賞を受賞。その後、ワシントン大学で教授などを歴任し、２０２１年ＯＩＳＴ教授に就任し、現在に至っている。

現在は有機エレクトロニクス用半導体ポリマーの合成を研究し、学術的論文の場合、その作成および公表には数か月あるいは数年もかかるが、同分野で１４０以上の論文を発表している。現在、Polymer International、Advanced Electronic Materials、ACS Applied Materials and Interfaces、Journal of Applied Physics、Advanced Functional Materials など多くのジャーナルの編集諮問委員を務める。また、Macromolecules誌の副編集長、各国の化学者を代表する国内組織の連合である国際科学会議の参加組織である国際純正・応用化学連合（英：International Union of Pure and Applied Chemistry、ＩＵＰＡＣ）の Polymer Education and Polymer Terminology小委員会委員に参加し、IUPAC Polymer Division代表も務めている。


ラスカム教授らは、これまでの研究から、海洋生物の場合、それに含まれるものはその粒子数の測定だけでは不十分で、マイクロプラスチック汚染の度合いを正しく理解するためには、その生物の中にどのような物質がどれだけ存在するかということを特定することが重要であることに気づいた。

その一環として、同教授の研究チームは、ＯＩＳＴにおける他研究ユニットと連携しながら、沖縄周辺の海に生息する野生の動物と比較して、OISTのマリン・サイエンス・ステーションで厳格に管理飼育されるカクレクマノミ、ハタ、ウニ、ツツイカ、コウイカ等の膨大な数の動物の体内に含有されるマイクロプラスチックの量と種類に違いがあるかなどについても調べている。

さらに、同研究チームは、糸満漁業協同組合の協力を得て、マグロの体内に存在するマイクロプラスチックの調査などの外洋での研究プロジェクトも始めている。

海洋生物のマイクロプラスチックの量と種類を特定することは細かくしかも骨の折れる作業であるが、光が物質と相互作用したときに起きる散乱の仕方から物質の化学構造を明らかにする精密な化学分析技術である顕微ラマン分光法で得られる「分子の指紋」やより多種類のマイクロプラスチックの特定に役立つ最新鋭の赤外顕微ラマン分光装置などを活用するなどの特定化の技術の検討やマイクロプラスチックの分析における人工知能（AI）活用の検証なども行っている。

ラスカム教授の研究ユニットの同僚であるファン博士は、次のように指摘している。

「この研究プロジェクトはまだ進行中です。時間の

クリスティン・ラスカム教授

出典：OISTのHPより

かかる研究ですが、プラスチックが沖縄の海洋生態系へ及ぼす影響を解明することは、世界的なマイクロプラスチック問題への対処法を見つけるための重要な第一歩になります」（「沖縄の海洋生物の体内から検出されるマイクロプラスチックを調査」（ダニエル・エレンビ、ＯＩＳＴのＨＰ、２０２２年12月６日））とのことである。

さらに、ラスカム教授は、「直接アリール化および触媒移動に基づく縮合重合による半導体ポリマーの合成」研究題目で、２０２２年高分子学会学術賞を受賞されるなど、その研究の活動や業績等は高く評価されている。

ＯＩＳＴには、先述以外にも優れた多くの研究者や研究が存在している。基本的には、基礎研究が多く、専門性が高くその分野の専門家以外にはなかなかわかりにくいものもある。そこで次に、ＯＩＳＴの研究の幅と広がりを示すために、その中でも比較的にその成果がわかりやすく、沖縄という地域も含めて社会に成果が活かされやすいものを、いくつか例示しておく。なお、ここで例示できていない優れた研究も数多く行われているということも指摘しておきたい。

○魚介類の可能性の向上

・イカの養殖システムの開発

イカは良質なタンパク質を含み、健康にも良い食材だが、日本ではその漁業収穫量が全盛期の10分の1に激減し、南米からの輸入に頼っている。他方、養殖も難しく、ツツイカでもその試みが60年間にわたって行われてきたが、成果がなかった。ＯＩＳＴの研究チームは、その一種のアオリイカの商業化可能な養殖システムの開発に成功した。これにより、今後のイカの養殖や増産も期待できるであろう。

・病気耐性の強いクルマエビ

ＯＩＳＴの研究チームは、クルマエビのゲノム情報の解読に成功した。これにより、病気耐性の強いエビの研究がさらに進展すると共に、クルマエビの健康維持に関する理解が向上し、クルマエビの感染症対策および品種改良などの養殖現場での問題・課題への対応が改善し、その品質向上およびその量産につながると期待できる。

なお、「ゲノム（genome）」とは、「"gene（遺伝子）"と集合をあらわす"-ome"を組み合わせた言葉で、生物のもつ遺伝子（遺伝情報）の全体を指す言葉です。その実体は生物の細胞内にあるＤＮＡ分子であり、遺伝子や遺伝子の発現を制御する情報などが含まれています。タンパク質は、遺伝子の情報をもとに転写・翻訳という過程を経て作られ」る（「ゲノムとは？」（独立行政法人製品技術基盤機構ＨＰ、閲覧日：２０２３年６月28日））ものである。

〇海の植物や生物の可能性の向上

・海ぶどうの品質や生産の向上

沖縄の海ぶどうは、沖縄の料理や土産でも人気がある。海ぶどうは、茎から粒までが一つの細胞でつくられた単細胞生物だが、そのつくりや部位の機能は解明されていなかった。ＯＩＳＴは、先進機器を活用して、その全ゲノムを解読し、その解明の一歩に貢献し、海ぶどうの健康を遺伝子レベルで管理して、その養殖を進化させ、品質や生産の向上に役立てるようにした。

・オキナワモズクの安定的生産

養殖モズクの生産量では、沖縄県が全国トップ。ＯＩＳＴは、４種のオキナワモズク株のゲノム解読を行い、各々の固有遺伝子を発見し、環境の変化にも強い品種開発や、抗血栓作用や癌治療に効果があるとされるぬめり成分であるフコイダン等を高含有する株の選別などの付加価値向上、安定的な生産のための新品種の開発に貢献できるので、ひいては沖縄の地場産業にも貢献できると考えられる。

・サンゴ礁の保全等

ＯＩＳＴは、サンゴの全ゲノムを世界で初めて解読し、サンゴ種ばかりか個体レベルでの識別にも成功した。この技術は、恩納村の海人（うみんちゅ、沖縄の漁民の総称）が行うサンゴ移植でも活かされることで、環境変動にも対応可能な多様性のあるサンゴ礁の再生を可能にできるのである。

またＯＩＳＴは、他の研究機関や大学の研究者らと、サンゴ礁の表面海水に含有するＤＮＡ分析で、そこで生息している造礁サンゴの多様性を感知できる新しい技術を開発した。

「サンゴ礁は、最も多様性に富んだ海洋生物の生息地であり、小さなエビからバスのような大きいジンベイザメまで様々な生きものを育んでいます。豊かなサンゴ礁生態系では、多様な生物を食べ物とする捕食者の多様性をも生み出していると言えます。一方、逆のことも言えます。つまり、サンゴ礁生態系が崩壊すると、それまで生態系が育んできた生物の多様性によって支えられている水産資源も消滅してしまうのです。」（「サンゴ礁を救え！養殖サンゴが導く明るい未来」（アンドリュー・スコット、ＯＩＳＴのＨＰ、

２０１８年5月17日））

○食物などの可能性の向上

・コメの生産の向上

「アミロモチ」というコメは、難消化性デンプンという食物繊維的機能を有していて、生活習慣病の予防・改善に役立つと評価されている。そのコメを、亜熱帯気候の沖縄にも適するように開発し、安定的な収穫量を実現すると共に、沖縄県恩納村などの協力のもと、加工品などでの活用範囲拡大のために、栽培や試験を続けている。健康志向の国際的な広まりと高まりもあり、それを活かした国内外での大きな展開の可能性も考えられる。なお、同品種は、沖縄県恩納村で誕生したことにちなみ、「恩納‐ＯＩＳＴ‐２０２０」と登録されると共に、商標名は、県内一般公募が行われ、「ちゅらおとめ」と命名された。

また、ＯＩＳＴの研究者が、イネ雄しべの発生に関わるアルゴノートタンパク質（ＡＧＯ）等を発見。この研究の成果は、国際的な食糧不足の問題への注目が高まるなか、将来的にコメ作物のより安定的な供給に貢献することが期待できる。

・シークワーサーの研究で農産物の可能性の拡大

OISTは、さまざまな製品に活用され、沖縄の特産品であるシークワーサーの遺伝子学的な調査・研究でそのルーツを探ることなどで、同一品質の農産物の安定的生産などの商業的な利点の拡大にも貢献してきている。

○その他

・海の力で持続可能なエネルギーの創出

近年、エネルギー問題は、地球温暖化や環境汚染、原発事故、化石燃料の枯渇など、さまざまな要素が絡み合って、国際的に関心が高まり、再生可能エネルギーに注目が集まってきている。

OISTは、その一つとして、海、特に波の力に注目し、安価でかつクリーンなエネルギーを開発して持続可能な未来を目指す研究を行っている。しかしながら、自然環境において、海岸に打ち寄せられる波から、安定的かつ効率よくエネルギーを得る発電機の作成は容易なことではない。

そこで、その発電機は、デザインや素材などは、自然環境のなかで有効かつ柔軟に機能するように自然物の造形からヒントを得たり、高い耐久性とエネルギーのより効率的活用などのためのさまざまな工夫や改善がなされてきている。また周辺の植生物の保全や安全などにも配慮された設計や対応がなされている。そして、その効率的活用のためには、発電機の設置場所および周辺・自然環境などもその効果に影響し、重要な要素となるために、さまざまな研究・調査が必要なのである。

上記の説明からもわかるように、この研究では、実際の場所での実証実験等も必要である。

そこで、本研究では、環境に応じた対応をとりながら、モルディブ共和国で、同国政府等と共に、波力発電機実証実験を実施したり、これにより一つの波のより多くのエネルギーを一点に集約・増速し効率よく電力に変換可能とする新型の「ダクト型」波動発動機を沖縄県内に設置し、実証実験なども行ってきている。

同研究の中心の新竹積教授は、次のように指摘している。

「（日本の）本土の海岸線のわずか1％を利用するだけで、約10ギガワットの発電が可能で、これは原発10基分に相当します」（「海の力で持続可能な未来を」（アン・マックガバン、ＯＩＳＴのＨＰ、２０１７年9月20日））

この研究から生まれるエネルギーは、国際的なエネルギー不足が予想されるなか、再生可能で、CO_2も出さず、安全性も高いこと、日本は海に囲まれた海洋国家であることな

とを考えると、その成果は可能性が高く、期待できるものであるといえるだろ

・コロナ禍対応にも貢献

ＯＩＳＴは、そのパンデミック発生時から、沖縄県と協力し、コロナ禍に対処・対応してきた。具体的には、不足時にはアルコールジェルやフェイスシールドなどを作成し地元病院に寄贈するなどの物資の提供、学内ＰＣＲ検査施設で3年間で44万件以上のＰＣＲ検査の実施などの医療技術の提供や学術データ提供、さらにワクチン免疫効果に関する研究や新たな変異株対応の独自ワクチン開発等にも取り組み、ＯＩＳＴが有する知見やスキルを活かして、地域や社会に貢献するようなことも行ってきている。

ここで説明したことはほんの一部に過ぎないが、ＯＩＳＴで行われている研究が、地域・社会そして国際社会で活かされたり貢献したり、それらの可能性が多々あることを理解していただけたのではないかと思う。

（5）総合芸術としてみたとき…その舞台・セット・小道具・大道具

これまで、ＯＩＳＴでさまざまな形で活躍する人々や研究活動などについて述べてきた。次に、それらの方々が活躍する舞台・セット・小道具・大道具について、別言するなら、舞台あるいは作品としてのＯＩＳＴを考えていきたい。またそれは、これまで述べてきたことからもわかるように、別社会・別世界ともいうべきＯＩＳＴを探訪し、さらに深く理解することになるといえるだろう。

1）沖縄という場

ＯＩＳＴは、沖縄県国頭郡恩納村字谷茶にある。実はそのロケーションは、非常に興味深くかつ重要なことである。ＯＩＳＴが沖縄県に創設されたのは、尾身幸次氏が偶然にも沖縄・北方対策および科学技術政策担当の内閣府特命大臣（当時）を務めていて構想したことに端を発する。その意味で、極端ないい方をすれば、ＯＩＳＴは政治的なイニシアティブによる偶然から生まれた従来の政策枠組みに収まらない画期的な産物であるといえる。

沖縄県は、東京から約3時間のフライトという、日本の首都から離れた場所にある。しかも恩納村は、沖縄県の県庁所在地那覇市からも車で1時間ぐらいはかかる場所にある。

沖縄県は、那覇市にモノレールなどもあるが、道路整備も十分とはいえず、多くの地域に公共交通機関は未整備あるいは不十分であり、人やモノの移動は人力のものを除くと車やバス以外にはない社会だ。

このように、ＯＩＳＴは中央および県政府から遠く離れた場所にある。その結果、中央政府や沖縄県庁の政府・行政などからすると、物理的あるいは直接的に管理・コントロールするには不便であり厄介な存在なのだ。

筆者は、シンクタンク（政策研究機関）の設立・運営や活動などを研究および実務の専門の一つにしている。その研究の一環として、これまでに世界中の１００ぐらいのシンクタンクを訪問し、２００名を超える関係者とヒアリングと意見交換をおこなってきている。その際に、多くの方々から、シンクタンクは、「政治や政策の動向やそれに影響を与えるなら、首都にあるべきだ」という意見と「影響されずに、落ち着いて中長期的な政策を考えるには、首都にない方がいい」という意見を伺い、意見を交換してきた。また、筆者自身のシンクタンクの設立・運営の実体験等からも、そのようなシンクタンクと政府（首都および県庁所在地等）などとの間の距離には一長一短があることを強く実感していると共に、理解している（図表3-10、3-11参照）。

筆者は、ＯＩＳＴは、シンクタンクではないが、後者の意見が当てはまるのではないかと考えている。

このようなことから、ＯＩＳＴが沖縄県に設立されたことはその偶然性に起因している面もあるが、画一性が高く、行政からのパターナリズム性が強い日本の社会において、ＯＩＳＴが、異分子的組織としてユニークな形で存在できているのは、中央・地域の政府や日本

図表 3-10：組織別の政府の影響力の比較（イメージ）

	政府等から物理的距離	政府や政治等からの影響の可能性
首都か首都圏にある組織	近	大
非首都圏にある組織（OIST など）	遠	少

出典：筆者作成。ここで対象とされている組織は税金などの公的資金が投入されている組織を想定。

図表 3-11：研究教育機関と政府との距離の違いによるメリットおよびデメリット比較表

	近距離	遠距離
メリット	・政府とのコミュニケーションが取りやすい ・当該機関の理解が得られやすい ・人的交流がしやすい	・政局や政策状況に影響を受けにくい ・中長期的な視点がもちやすい ・人的影響を受けにくい
デメリット	・政局などの影響を受けやすい ・短期的な視点に陥る危険性がある ・人的影響を受けやすい	・政府とのコミュケーションがとりにくい ・当該機関の理解が得にくい可能性がある ・人的交流がとりにくい

出典：筆者のこれまでの経験および国内外の大学や研究所の関係者とのインタビュー意見などを基に作成。

の中心地から距離があることも重要な要素なのではないだろうか。

特にOISTの場合は、理系中心の大学であるので、「他地域から隔離されていても、研究に集中できるという意味で問題ない」（スコグランド教授）ということであろう。

OISTが首都東京から遠距離にある沖縄県に位置するわけであるが、筆者は自身の経験から、ここで付け加えておきたいことがある。それは、米国ハワイ州にあるイースト・ウエスト・センター（EWC）である。EWCは、国際的にも高く評価されている教育交流機関であり研究機関（シンクタンク）であると共に、その置かれた地理的位置から、広義には政府機関であるが、米国にとって非常に重要なトラック1・5的な国際交流で重要な役割を果たしてきている。なお、それは政府間交流は「トラック1」、民間交流は「トラック2」で、その中間として、政府ではないが、准政府的な組織であるEWCが、教育・研究交流などを通じて、政府間を繋ぐ役割を果たしていることを指している。

筆者は、奨学生（grantee）として、EWCのプログラムや活動に参加しながら、近接のハワイ大学の大学院に留学した経験があるが、OISTとEWC、およびそれらが設置されている日本国沖縄県と米国ハワイ州は、図表3-12と図表3-13をみてもわかるように、相違している点もあるが、多くの点で類似している。

図表 3-12：日本国沖縄県および米国ハワイ州の比較

	沖縄県	ハワイ州
場所	・首都から遠距離 ・本土から遠距離にある島	・首都から遠距離 ・本土から遠距離にある島
地政学的位置	・本土（首都）、アジア大陸、東南アジアから等距離 ・東アジアの中間に位置し、近隣諸国等の結節的な場所	・太平洋の中間に位置する ・東（EAST）と西（WEST）を結ぶ位置
歴史	・琉球王国をはじめとする独自の文化および歴史 ・日本国の一地域としての歴史と文化など ・戦争の独特の歴史	・ハワイ王国をはじめとする独自の文化および歴史 ・米国の一地域としての歴史と文化など ・戦争の独特の歴史
主要産業等	・観光業など ・リゾートエリア	・観光業など ・リゾートエリア
基地	・米軍基地等の存在	・米軍基地等の存在
その他	・開放的雰囲気 ・多様性	・開放的雰囲気 ・多様性

出典：さまざまな資料等から筆者が作成。

図表 3-13：OIST と EWC との比較

	OIST	EWC
設立年	2011	1960
設立者	・「沖縄科学技術大学院大学学園法（内閣府の所管）」に基づく学校法人沖縄科学技術大学院大学学園が運営	・米国連邦議会
出資者（現在）	・予算の多くを政府からの補助金に拠っている	・連邦政府予算および民間の寄付等
形式	・私立大学、教育・研究機関 ・5 年一貫制の博士課程を有する大学院大学（学位提供機関）	・教育・研究機関、交流機関 ・非学位提供機関 ・学位提供は近接のハワイ大学
対象分野等	・理系、自然科学、基礎研究	・政策研究・シンクタンク、社会科学系
目的	・沖縄において世界最高水準の教育研究を行うことにより、「沖縄の振興と自立的発展」および「世界の科学技術の発展に資すること」	・米国とアジア太平洋諸国の国民との間で、教育と研究のプログラムを通じて相互理解を促進するため
支部等	・OIST 財団（米国 NY）	・米国の首都ワシントン DC
学生	・全世界から毎年 60 名程度 ・博士課程のみ ・全額奨学生 ・学生は、研究ユニット参加し、博士論文執筆し、博士号取得（理系分野が研究対象）	・米国およびアジア太平洋諸国からの大学院生（基本全額奨学生） ・EWC の活動等に参加しながら、ハワイ大学大学院に通学、学位（修士号・博士号）取得（ハワイ大学にある全分野が研究対象） ・筆者在籍中は、米国とアジア太平洋諸国から毎年 100 名の学生（うち米国人約 3 分の 1）
場所	・日本国沖縄県（本島以外、観光業中心、米軍基地、独自の歴史など）	・米国ハワイ州（本島以外、観光業中心、米軍基地、独自の歴史など）
その他	・ある意味偶然から生まれた政治的構想から設立 ・学生・教職員の交流を促進（交流促進のレイアウトや施設） ・オープン性の重視・多様性、国際性	・ハワイが、1959 年に米国の州になった記念として同州に設立（ある意味で政治的なタイミング・起源から設立） ・学生・研究者などの交流を促進（共同の設備や宿舎など） ・オープン性の重視・多様性、国際性

出典：各組織の HP からの情報等を基に筆者が作成。

以上のようなことから、本書ではこれ以上論じることはしないが、ＯＩＳＴが、沖縄県というロケーションで今後の進展を考えていくうえで、ＥＷＣおよびその所在地ハワイ州での経験や知見は参考になるのではないかと考えている。

2）沖縄および社会への貢献

ＯＩＳＴは、先述したように、その設立の経緯および目的から、沖縄そして日本を含む世界への貢献が求められている。そして２０１１年の正式設立からですでに10年以上が経ち、その成果の社会的な還元、より具体的には沖縄および社会への貢献がこれまで以上に期待され、その成果が問われるようになってきている。

そこで、本節では、その貢献をするためにいかなる舞台やセットが、ＯＩＳＴに構築されているのかに関して検討していこう。

ＯＩＳＴは、これまでは研究の活動や機能の充実に主に注力してきた。他方、地域貢献においても、設立以降さまざまな取り組みや企画に取り組んできている。

そのなかでも特に重要かつ特筆すべきことは、ＯＩＳＴが、沖縄の小中高生などを中心とする若い世代に対して、科学技術への興味を引き出し、将来科学者を志す人材の発掘・

育成をすると共に、国際的な教育・研究環境を紹介したりして、将来国際的な職業をめざす生徒の英語学習意欲向上に貢献する活動などを積極的に実施してきていることである。

具体的には、科学教育アウトリーチ学校訪問、ＯＩＳＴサイエンスフェスタ、ＳＣＯＲＥ（国際教育と理科教育・起業家精神の育成を兼ねた体感型教育）、子ども向け科学ビデオなどのさまざまなプログラムの提供を行ってきている。これらに関しては、次の動画や拙記事など（動画「子ども向け科学ビデオ（ＯＩＳＴ提供）（https://www.oist.jp/ja/covid-19/community-projects/videos-for-kids）」・「沖縄科学技術大学院大（ＯＩＳＴ）と一日科学者体験」（教育新聞、２０２２年10月６日）・「コロナ禍を乗り越えてサイエンスフェスタの新たなる「始動」…「科学×国際性」のＯＩＳＴの真骨頂…」（Yahoo!ニュース、２０２２年11月14日））を参照。

これらのプログラムは、若い世代の育成と成長ともかかわる息の長い試みであり、短期的には成果は出にくいものだが、プログラム参加者のなかには、刺激を受けて、現在は海外に留学し、将来ＯＩＳＴで研究したいという若い世代も実際にでてきているようだ。より具体的にいえば、これらのプログラムに参加した生徒の何人かが、その参加をきっかけとして、現在海外の優れた大学に留学しており、将来ＯＩＳＴで学び、卒業後は沖縄に貢献したいと表明するような好事例も生まれてきているようだ（「『沖縄復帰50年』

（5）ピーター・グルース沖縄科学技術大学院大学（ＯＩＳＴ）学長」（日本記者クラブ、２０２２年4月26日）。

それらのプログラムは、その目的達成やより充実した成果を生むために、さらなる改善や工夫および尽力が今後も必要だろうが、「ＯＩＳＴがあることで、沖縄の学校や地域で科学への関心が広まっている」（沖縄の教育関係者）などという意見にも表われているように、沖縄の地域でもすでに高く評価され、受け入れられている。これらの沖縄県の各地で実施されてきているさまざまなプログラムおよび活動・研究については、図表3-14参照。

また沖縄の地域では、設立後10年以上が経過するなか、研究成果等が起業や産業の発展に結び付き、沖縄地域の振興や社会の発展（これまでも中央政府により何度か同様な試みはあったが、実際には十分な成果や結果は生まれてきていないのが現実だ）への貢献の期待と必要性が、すでにＯＩＳＴの研究からも沖縄の地域や産業に貢献する成果が一部でてきはじめてはいるが、従来以上に大きくなってきている。その観点からすると、ＯＩＳＴの今後のさらなる展開や発展は、その産学連携の仕組みや活動の今後の成果にかかっているともいえるだろう。

ＯＩＳＴは、そのような状況において、その目的を実現していくために、次のようないくつかの装置や道具などを設けてきている。

そのなかでも重要なのが、まずOIST Innovation（旧技術開発イノベーションセンター（ＴＤＩＣ））だ。

OIST Innovationニュースレター#3（２０２３年4月14日）によれば、「ＯＩＳＴの技術開発イノベーションセンターは、２０２３年4月よりOIST Innovationに生まれ変わりました。今後は新しいビジュアル・アイデンティティのもと、イノベーションを育み、地域社会や世界に貢献するような技術革新を推進する活動をダイナミックに展開していきます。新ブランドでも、引き続き技術の商業化起業家育成においてＯＩＳＴコミュニティやパートナーの皆様の期待に応える質の高いサービスや支援を提供していく所存です。」と述べられている。

同部署は、そのトップは首席副学長が担い、ＯＩＳＴにおいて非常に重要な位置付けにある。同部署は、「各プロセスで欠落している部分を見極め、資金・人材などの間のギャップを埋め、（研究の成果を商業化・実用化するまでの）すべてのプロセスをサポートする努力を行い」（ギル・グラッノットマイヤー首席副学長（技術開発イノベーション担当））、研究の成果などを活用した技術開発と商業化、知的財産権管理、商業化目的の

図表 3-14：OIST と地域との関係性と貢献（元資料から一部抜粋）

対象地域	取り組み	実施場所等	関係性
糸満市	共同研究	沖縄水産海洋技術センター	環境、OR
	SCORE! サイエンス in 沖縄	沖縄水産高等学校	教育、OR
浦添市	沖縄青少年科学作品展：科学教室	沖縄電力	教育、OR
	企画展示「小さなエイリアン」展	昭和薬科大学付属高中校付属図書館	教育、研究、OR
うるま市	アルコールジェル配布	沖縄県立中部病院	健康
	ワークショップ：足元の生き物の多様性と外来生物	与勝高等学校	環境、研究、OR、教育
	出前授業	なかきす児童館・沖縄アミークスインターナショナル等	教育、OR
沖縄市	サッカー選手を脳科学でサポートすることを目指す連携	FC 琉球	研究
	PCR 検査の実施		健康
	沖縄キッズドクター育成プロジェクト	沖縄こどもの国	教育、OR
	キャリア教育	諸見小学校・美来工科高等学校	教育、OR
宜野湾市	アリ類を使った探求活動を通した共同研究	普天間高等学校	環境、研究、OR
	オンラインキャンパスツアー	大謝名児童センター・新城児童館	教育、研究、OR
豊見城市	SCORE! サイエンス in 沖縄	南部農林高等学校	教育、OR
	キャンパスツアー	上田小学校・伊良波小学校	教育、OR
名護市	アリ類ワークショップ	源河小学校跡地	環境、研究、OR、教育
	名護サイエンスフェスタ		教育、OR

那覇市	新型コロナウイルスワクチンの有効性評価	那覇市医師会	健康、研究
	抗体検査	那覇市消防局	健康、研究
	生物多様性に関する企画展示	沖縄県立博物館・美術館	環境、研究、OR、教育
	OIST の技術の商業化を促進、イノベーションシステムの確立（覚書）	沖縄銀行	経済、産学連携
南城市	OKEON 美ら森プロジェクト	斎場御嶽・玉城青少年の家	環境、研究、OR、教育
	玉城オープンデーへのブース出展		環境、研究、OR、教育
石垣市	海洋研究にかかる提携	水産総合研究センター	環境、OR
	サイエンストリップ	石垣島内施設・八重山高等学校	教育、OR
宮古島市	ヒアリ同定研修	宮古保健所	環境、研究、OR、教育
	SCORE! サイエンス in 沖縄	宮古総合実業高等学校	教育、OR
恩納村	モズク、サンゴ、海流などに関する共同研究、マリン・サイエンス・ステーションの立地、運営に関するサポート	恩納村漁協など	環境、研究
	海洋研究おける連携	沖縄電磁波技術センター	環境、研究
	こどもかがく教室、英語クラス等	恩納村役場	教育、OR
国頭村	OKEON 美ら森プロジェクト 環境モニタリングサイト	琉球大学奥の山荘・やんばる学びの森・琉球大学与那フィールド	教育、研究、OR、環境
	OKEON 美ら森プロジェクト	やんばる学びの森	教育、研究、OR、環境
読谷村	沖縄の文化財の保護と保全に関する研究	読谷村歴史民俗資料館	環境、研究、OR
	沖縄サイエンスメンタープログラム	沖縄クリスチャンスクールインターナショナル	教育、研究、OR、環境

出典：説明パンフ「沖縄の地域と共に。OIST にできること。」（OIST と地域のリレーション MAP。2022 年 4 月現在）（注）OR：アウトリーチ

マーケティングなど、国内外の企業との強固なネットワーク構築、産業界との受託・共同研究の交渉、起業家精神醸成のため企画やイベント、そして沖縄における研究開発（R&D）の促進やR&Dクラスターの形成、さらにアジア太平洋地域のイノベーション・ハブとしてOISTおよび沖縄社会などの発展に貢献することを目指している。

しかし、沖縄の制約も踏まえて、次のような意見や工夫もでてくるのである。

「沖縄県内の企業は、資金面が厳しいので、連携が難しい。そこで、県外や世界の企業をOISTの方に誘致する必要がある」（OISTスタッフ）。また「沖縄には、これまで十分なイノベーションやそのための人材は必ずしもいなかった。OISTは、全世界を見て、外部から採用してくることも含めて、イノベーションのエコシステムを構築すべく対応している。OISTは、多くの人材を集め、若い世代の誇りとなり、地元企業にも利益が生まれるようにしている。」（グラッノットマイヤー首席副学長）。

上記のような目的のために、同部署は、たとえば次のようないくつかのユニークな試みをしている。

・PoCの支援

研究成果と事業化の間には、特に次の段階へ移行する際に立ちはだかる

（いわゆる「死の谷（デスバレー（valley of death）」）が存在する。そこで、同部署では、その困難の橋渡しをするために、新しい概念や理論、原理等が実現可能なことを示すための簡易な試行である「PoC（Proof of Concept、概念実証、コンセプト実証）の支援を行っている。」（グラッノットマイヤー首席副学長）。

・オープンイノベーション

日本の他大学の産学連携機関などは、自大学内のみの人材や知見の活用に注力し内生的・自己完結的なクローズドな対応をしていることが多い。これに対して、同部署は、大学の規模や沖縄という環境の制約を冷静に評価・判断し、異なる取り組みをしている。

その例としては、たとえば、「スタートアップアクセラレータープログラム」があげられる。同プログラムは、ＯＩＳＴ外部の人材や知見も取り込み、よりオープンなアプローチにより、その目的の達成をしようとしている。これは、日本の組織ではあまり例がない取り組みであり、海外からの応募も増えてかなり競争率が高くなってきており、注目すべき試みであるといえるだろう。

・施設の拡充

同部署は、学内にインキュベーション施設（今後さらに拡充予定）を有し、アクセラレータープログラムも提供・実施してきている。

・VCとの連携

ベンチャーキャピタル（VC）であるライフタイムベンチャーズと連携して、世界をリードする研究や起業家に投資する「OIST-Lifetime Ventures Fund」を設立し、投資に向けた活動も開始した。同VCの関係者は、「OISTはこれだけの人材や研究があるのだから、もっとスタートアップが生まれるはずだ」、しかしながら「OISTはまだスタートアップのエコシステムの1つのサイクルやロールモデルができていない」、そして「ビジネスのやり方で、ビジネスをやれる人材がいない。研究とビジネスをつなぐ人材が必要だ。必要なら、自分たちがその役割を果たしたい」などと力強く語った。

OISTの産学連携やスタートアップの具体的かつ大きな成果は、先述したような研究の活動などからも今後生まれることに対する期待が高まっている。その点で、筆者は、OISTの可能性を考えると、社会はより中長期的に期待すべきだと考えている。

他方、徐々にではあるが、ＯＩＳＴからその成果が生まれつつあるので、ここでは、その例をあげておきたい。

それは、ＥＦポリマー社だ。同社のミッションは、新興国でも、低コストで利用しやすい資源の活用で干ばつ等の農業関連のグローバルの問題を解決することである。

同社は、ＯＩＳＴイノベーションアクセラレーターとして生まれた。役に立たない製品や廃棄物などをより良い品質と環境価値のある新しい材料あるいは製品にアップグレードして役立たせるプロセス、つまり捨てられるはずの製品に新たな価値を与えて再生するという「創造的再利用（アップサイクル）」の手法によって、野菜や果実等の生ごみを環境に優しい有機ポリマーにする製品を開発しているが、それは土中で安全分解され、その性能は高い評価を受けている。

その有機ポリマーは、２０２０年から販売され、２０２３年春にはシリーズAラウンドとして5億5千万円の資金調達に成功している。なお、「シリーズA」とは、スタートアップ企業に対する投資ラウンドの一つのフェーズを指す言葉。具体的には、製品・サービスが開始され、顧客の課題を解決できる適切な市場で受け入れられている状態である「プロダクト・マーケット・フィット（ＰＭＦ）」が見え始めている段階のことである。

このことからもわかるように、沖縄およびインドを拠点として、世界的な実用化の期待がされてきているということができる。同社は、「ＯＩＳＴ発のユニコーン的な存在の企業となる」（沖縄のスタートアップ関係者）との期待も高い。

もう一例は、株式会社ＡＣＩリサーチ（沖縄県恩納村）である。同社は、研究成果と事業化へのギャップの橋渡し支援を目的とするＯＩＳＴの研究員や学生向けの競争的内部資金拠出の実用化研究支援プログラムである「ＯＩＳＴプルーフ・オブ・コンセプト（PoC）プログラム」に参加したＯＩＳＴ発スタートアップ企業（２０２２年９月設立）だ。

同社の目的は、より強固で包括的な分析ソリューションの提供で、食品、化粧品、医薬品、アセスメント等の多様な分野で、製品の品質と安全性の確保において重要な役割を果たしていくことにあるが、医療機器開発ベンチャー企業である㈱ニューロシューティカルズ（東京都文京区）から第三者割当増資による出資を受けて協業することで、研究成果およびビジネスにおけるノウハウを融合させて事業拡大やサービスの拡充をし、ＯＩＳＴを拠点に沖縄発の次世代化学分析サービスを世界に向けて展開し、躍進していくことが期待されている。

これ以外にも、最新の科学的データを基に更年期の女性に対応する[illegible]の開発をはじめとする包括的支援のサポートプラットフォームを開発・構築し更年期への理解向上や全女性のQOL向上に取り組むフェムテックスタートアップ「HerLife Lab社」や微生物の遺伝子レベルのAI解析プラットフォームを構築（将来はAI採用でシステムの自動化）し自然界の微生物を活用した薬や農薬の持続可能な化合物の生成を目指すスタートアップ「Genome Miner社」なども立ち上がってきている。

このようにOISTの活動から一部成果もでてきてはいるが、筆者は、自身のこれまでの大学などでの産学連携に関わる活動や経験から、新たなるビジネス化や商品化および特にその成功などは、イノベーティブな研究とその成果がないと生まれないが、どんなに優れた研究があっても、社会環境やタイミングなどのさまざまな条件や偶然などが重ならないと生まれるものではないことも知っている。つまり、産学連携の成果を得るのは、極論すると、偶然性と時間が必要であり、ある意味ギャンブルに近い存在なのだ。

その意味で、OISTは、社会的な期待や要請等に対応しながら、ある程度のタイムフレームのなかで、どうやって産学連携の成果を生み出していけるのかという問いに対して、その成果が問われはじめてきているといえるだろう。そして、それこそが、OISTが、社会的な（特に沖縄県および日本での）評価をより高めながら、これまで以上の存在感を高めることができるかを決めていくことになるだろう。

さらに、ＯＩＳＴは、その初期段階を過ぎ、次のステージに入ってきている中、その社会的存在感を高めていく必要がある。そのためには、ＯＩＳＴは、社会や地域、日本政府や文科省、国内外の他大学や企業をはじめとするさまざまな組織等との「連携や融合を図っていく必要がある」（スコグランド研究科長）。そして、「ＯＩＳＴは、沖縄をhigh tech power house（ハイテクの拠点）にし、同地域の経済に貢献したいと考えている」（エイミー・シェン プロボスト兼教授）のである。

また、ＯＩＳＴの多くの教職員の方々は、同大に誇りと愛着と共に、沖縄に貢献したいという思いが強い。それは、出身地沖縄で自身のキャリアを活かせる場を得たことも踏まえて活動されている、比嘉副学長から伺った、ＯＩＳＴは「日本でも違うやり方をすれば優位な研究がおこなえるケースを提示」でき、「沖縄に人材を引き寄せることの波及効果を生み」、「産業構造の変革の触媒」となって、その結果、「ＯＩＳＴが沖縄の誇りにな」り「沖縄が胸をはれるような環境が生まれていく」のではないかという強い信念のこもった言葉や沖縄出身のＯＩＳＴスタッフの「はじめは胡散臭く思い、沖縄に関係ないと思っていたが、今は、ＯＩＳＴは、沖縄の誇りになりうると考えている」という言葉などにもさに表れているといえよう。

3）大学の円滑化機能…付帯の仕組みや施設

ＯＩＳＴは、世界的最高水準の研究の実現および沖縄などへの貢献という目的の実現のためのセットや舞台・道具などが整備されてきている。しかしながら、それらだけで、その目的が円滑かつ短期間で達成できるわけではない。その達成には、それらのセットや舞台などを活かせる人材を集め、それらの人材が有効に活躍できるその周辺の環境が整備されていることが重要かつ必要なのである。

具体的にいえば、ＯＩＳＴは、教職員や学生が、日本・沖縄の環境のなかにおいて、家族も含めて生活しやすい仕組み・施設や環境が形成・整備され、それにより研究者や学生などが研究、活動・学業や業務に専念できるようになっていることが必要不可欠なのだ。ここでは、そのいくつかの例を紹介していこう。

ＯＩＳＴは、研究に専念できるという利点がある一方で、学外から隔絶した不便な場所にある。そのために研究活動などで日常的に必要になる備品・用具などの入手も容易ではない。そのような不便を補完するために、学内には備品などが絶えず管理・補充されたサプライセンターおよびその出張スペースが研究棟内に複数存在し、便宜を提供している。

また学内には、研究者が必要な特注の機材などを製作してくれる部署もある。

また、「リソースセンター」がある。同センターは、ＯＩＳＴの国内外の県外から来た教職員・学生にとっての、沖縄の生活事情情報の提供や地域とのインターフェイスの場となっている。

そして海外からくる教職員や学生にとって子どもたちの養育や教育は重要だ。その対応施設として、「Self-help（自助）」を基本理念にし、日英両語で対応し小学生向けには学童プログラムも運営する「てだこチャイルドデベロップメントセンター（ＣＤＣ）」がある。ＣＤＣは、いろいろな国籍や文化的背景などを有する家族が随時出入りをするというＯＩＳＴの環境に対して

図表 3-15：建物を空中でつなぐ「スカイウォーク」や沖縄伝統的な様式の「大きく長いひさし」などが活かされたキャンパス風景

出典：OIST 提供

柔軟な受け入れ対応を取りながら、ＯＩＳＴの全教職員および学生の学齢前の子どもたちに保育・教育を提供している。

筆者も見学させていただいたが、ＣＤＣおよびＣＤＣが別施設で実施している学童保育のプログラムや施設、スタッフの方々の子どもたちへの対応などは素晴らしいものである。その意味で、「ＣＤＣがあり、安心して仕事や学業・研究に専念できるのでＯＩＳＴ」に来たという学生や教職員も多いというのは得心できるところだ。そして、人懐こい素敵な笑顔で力強く語ってくれたジュリア・ナブホズＣＤＣ園長の「私たちＣＤＣは、ＯＩＳＴに貢献し、そのメンバーであることを誇りにしている」という言葉は、ＣＤＣのＯＩＳＴにおける重要さと役割を素直に表現しているといえる。

そして、カウンセラーが常駐し、「守秘義務を守りながら、薬の提供による医療モデルでなく、心身の健康（Well-being）のサポート」（ＯＩＳＴスタッフ）を行っている「がんじゅうサービス」、多様な人材のための多角的人材育成支援部署である「プロフェッショナル・ディベロップメント＆インクルーシブ・エクセレンスセンター（Ｃ-ＨＵＢ）」、言語的なハンデのある教職員など向けに日英語の教育・指導を行うランゲージ・プログラム、入学前の引越しやビザの手続きを支援しまた入学後も継続して大学院生活全般にわたるサポートを提供する学生支援セクション、クリニック（医療サービス）、ジム、ファミリーサポート、学外へのアクセスを提供し生活サポートを行うシャトルバスサービスなどもあり、至れり尽くせりの環境の整備がなされている。

ＯＩＳＴは、キャンパスにある建物・施設の設計やレイアウトなどにも、その目的の実現のためのさまざまな工夫がなされている。その際のキーワードは、「環境保全」「文化・伝統の活用」「学際性」「イノベーション向上」などだ。

それらはまず、ここまで検討してきた建物・施設や仕組みと連動する形で、環境保全に配慮してキャンパスのある地理的なロケーションや起伏なども活かしながら、沖縄の伝統的な様式「大きく長いひさし」や研究棟などを中空でつなぐスカイウォークなども取り入れて、環境的負荷も極力抑えた形で実現していることがあげられる。

そのために、キャンパスの本部棟や研究棟は、元々の地形が活かされた形で建てられているために、相互に高低差が存在し、カーブを描いている。それらは、日本の大学の整然とした一般的なイメージとは大きく異なっており、「ハウルの動く城」のように、動きを感じる生き物のような配置になっている。

なおアニメ映画「ハウルの動く城」は、イギリスの作家ダイアナ・ウィン・ジョーンズのファンタジー小説『魔法使いハウルと火の悪魔』を基に、スタジオジブリが２００４年に作成した作品。同作品は、呪いで老婆にされた少女ソフィーおよび魔法使いハウルの奇妙な共同生活を描いている。登場する「ハウルの動く城」は、奇妙な形をし、生き物のように四足歩行して移動する魔法使いハウルの住居である。

建物の内外のレイアウトにもさまざまな工夫がなされている。正面受付脇から異空間・異世界に導くトンネルギャラリーに始まり、カーブした建物内部は、さまざまな分野の研究や人材が学際的に交錯し、また歩くたびに異なる景色・様相や視点を提供し、人々が絶えず知的刺激を受けるように工夫されている。

また室内には、至る所に交流スペースや学んだり研究できる場があり、「研究分野を問わず、交流できる配置がなされ」（ＯＩＳＴスタッフ）ていて、インタラクション・化学反応・イノベーションが誘発されやすいようにするレイアウトや研究に集中や落ち着き・刺激を適度に与え、研究活動やコミュニケーションを促進するのに適した色彩などのさまざまな工夫もなされている。これらの工夫や配慮からなされた学内の雰囲気は、まるで「アリスの『不思議の国』」のようである。

これは、ＯＩＳＴのキャンパスにある研究棟の室内などにいると、ルイス・キャロルの児童小説を原作にしてウォルト・ディズニー・プロダクションが１９５１年に制作したアメリカのミュージカル・ファンタジー・コメディ・アニメーション映画『ふしぎの国のアリス』（原題：Alice in Wonderland）の中の主人公であるアリスが経験する体験や気分と同じような感覚を味わうことになるということである。

ＯＩＳＴには、教員・家族、院生などが生活する寮やレジデンスなども整備されており、これまで述べてきたさまざまな建物や施設を計画・管理・運営する施設管理（ＢＦＭ）の部署も設けられている。

また、ＢＦＭのあるビルの下の階には、プロボスト傘下のCore Facilitiesの中のEngineering sectionがあり、同セクションは、「教員が実験などで必要とする機材などの作製もおこなっている」（スコット・ルディセル副学長（施設管理担当））。ＯＩＳＴには、研究者が、研究活動の自由度や広がりを確保するうえでの強力な助っ人の役割も果たす部署がきめ細かく置かれているのである。

このようにして、ＯＩＳＴは、大学の他の建物や施設と一体となった一つの新しい街というかエリアを形成し、より活発でイノベーティブな研究や活動ができる環境を生み出しているのである。

以上のことから、ＯＩＳＴは、これまでもすでにここまで整備されてきており、今後も改良や改善更なる進化が必要だろうが、微に入り細に入りの計画・工夫・配慮のなされた少なくとも日本国内において、ここまで精緻に構築されてきている大学やエリアはないといえるのではないかと思う。

(6)「特区」「出島」としての役割…その意味とユニークさ

本節では、これまで検討してきたことをもとに、OISTが意味することやそのユニークさなどについて考察していきたい。

1) OISTの概括的意味

OIST全体がもっている意味や役割についてみていく。

①「総合芸術」の観点による理解の必要性

これまで論じてきたことからもわかるように、「OIST」という箱・場所は、その研究水準や研究・研究者だけをみても、その本質がわからないということである。

それは、OISTが映画のような「総合芸術」的存在であり、その作品の「エンドロール」にも記載されているキャストやスタッフ、セットなどの多様な面をみて理解しないことには、その意味や役割がわからないということである。

筆者は、限定した期間ではあったが、学内で生活しながら、学内外の何らかの関わりを有する多くの方々から、ＯＩＳＴに関するご意見や考え方を伺い、「ＯＩＳＴは正に総合芸術的観点からみていかないとその本質や意義はわからない」という意識を強くもった。

②意味と意義

ＯＩＳＴは、その研究環境などやその付帯する仕組み・組織構成そしてそれらを構成している人材および施設などが混然一体となっており、研究・教育のための独自の「場」を形成している「一つの社会」であり、「別世界」的な存在なのだ。

その意味からも、ＯＩＳＴは、日本社会で一般的にイメージされる単なる大学ではない。その意味で「大学を超えた大学」なのであり、別の社会の仕組みが形成された「特区」であり、さらに日本における「出島」的な存在なのだ。

日本では、「特区」は、海外のカウンターパートのような既存のやり方を超えた仕組みを実践・実験する場にはなっていないが、本来は「民間事業者や地方公共団体による経済活動や事業を活性化させたり、新たな産業を創出したりするために、国が行う規制を緩和するなどの特例措置が適用される特定の地域」（小学館デジタル大辞泉）を指している。

ＯＩＳＴは、日本で、既存のやり方とは大きく異なる実践を行い、成果を生み出してきている、まさに数少ない成果を出してきている「特区」（ある意味、唯一無二の成功事例で）であるといえるかもしれない）であるということができる。

また「出島」は、江戸時代につくられていた鎖国の間の唯一の西欧との貿易地であり、海外の情報を取り入れるチャネルであり、当時の日本国内とは別のシステムで動いていた場所であった。

ＯＩＳＴは、すべての部署において、英語が公用語で、多様な国籍やジェンダーなどを超えた人員構成の日本ではいまだ珍しいジョブ型組織として運営がなされている組織だ。そのすべてが必ずしも順調に機能しているわけではないが、日本の一般の社会や組織とは大きく異なった対応がなされ、国内における外国ともいうべき存在であり、正に現代の「出島」的な存在なのである。

また、プランＢ（Plan B）という考え方がある。これは、従来から続けてきた計画ややり方がうまくいかず、頓挫したようなときに発動される代替プランあるいは次善の策を意味している。

日本社会は、近年うまく機能しなくなり、社会的な停滞や低迷が生じてきている状態にある。そこにおいて、ＯＩＳＴは、日本の従来のやり方とは異なる対応や仕組みで、成果をあげてきている。つまり、ＯＩＳＴは、現在の日本にとってプランＢ的な存在を意味しているということができるのである。

その意味において、ＯＩＳＴは、研究水準はもちろん素晴らしいが、単なる「研究」機関というだけではなく、新しい大学組織および知的組織体であり、日本の一般の社会や組織とは大きく異なった対応、つまり実験がなされている、新しいトライアルや挑戦の場つまり実験場なのである。それはつまり、今の日本において、ＯＩＳＴは、既存の仕組みや対応をとる社会や組織（チームＡあるいはプランＡ）に対して、チームＢあるいはプランＢともいうべき存在だということができるだろう。

そしてＯＩＳＴは、「変わらない」あるいは「変われない」といわれはじめて久しい日本でも、従来とは異なったやり方をすれば、実は成功できるということを示しているのである。つまりＯＩＳＴは、日本社会が、研究の面のみならず、その経験および知見から多くのことを学び、今後に活かすことができる意味や役割を担っているということができるのである。

２）その特徴からみた意味と役割

次に、その特徴からみた、ＯＩＳＴの意味や役割について考えていく。

①国際水準の追求

ＯＩＳＴは、設立の理念やビジョンなどにおいて、「世界最高水準」「国際性」「多様性」「学際性」などを掲げているが、その高い志自体、日本の社会や組織ではレアな存在であり、国際水準の組織といえるだろう。その結果、イノベーションを起こすうえで欠かせない高い多様性も実現されている。

そして、ＯＩＳＴは、それらを単なるお題目に留まらせるのではなく、先に説明したＨＴＦＭにより世界最高水準の研究者の集積、世界最高水準の研究活動、学部や研究科などを設けない単科大学院による運営、国際性や多様性のある教職員・学生の人的構成などの具体的な組織運営や活動を通じて、それらの方向性を実現させながら、さらにその高次の実現を目指そうとしている。

先述した銅谷教授は、「ＯＩＳＴは成長と共に、真の意味で国際的になっている」と指摘したが、次のようにも主張されている。

「異なる文化圏の人々は、様々な発想やアプローチ、議論のスタイルを持っています。日本人だけで話していると、暗黙の了解にとらわれたり、疑問を持っても恥ずかしがって質問しなかったりすることも多いかもしれません。当たり前だと思っていたことに対する素朴な意見や疑問が、突破口を開いたりすることもあります」（「ノーベル賞の受賞者も育んだ沖縄科学技術大学院大（ＯＩＳＴ）、仮設で始まった異能集団」（朝日新聞Globe＋、２０２２年11月21日更新）。

そして、同教授は、多様な視点を持つことが非常に重要であることを指摘していた。

これらのことの結果が、先にも挙げたような世界ランキングにおける上位でのランクインやノーベル賞受賞者の輩出を実現していることなどに結び付いているのである。

ＯＩＳＴのこのような動きやその成果は、言葉だけが空回りして、実際の動きや活動ができず、前向きな結果を出すことのできない日本の多くの組織とは、大きく異なっているのである。

②求心力としての知的組織

先にも述べたように、ＯＩＳＴのスバンテ・ペーボ兼任教授が、２０２２年のノーベル生理学・医学賞を受賞することが発表され、日本国内でも注目が集まり、多くのメディアでも取り上げられた。

だが今回のペーボ兼任教授の受賞の重要なポイントは、日本の大学からノーベル賞がでたことである。また、2022年のノーベル物理学賞の受賞者の一人であるオーストリアのウィーン大学のアントン・ツァイリンガー教授は2022年5月、OISTから名誉学位を授与されている。このことも、OISTの国際社会での研究ネットワークにおける優位性と評価を示しているということができる。

ノーベル賞の歴史は、1901年に始まる。そして日本は、2021年までで非欧米諸国の中では最多の29名の受賞者を輩出し、21世紀に入ると、自然科学部門の国別のノーベル賞受賞者数で米国に次いで世界第2位となっている。そして、日本では、これまでのノーベル賞受賞では日本人をルーツとした方に注目が集まることが多かった。

しかしながら、グローバル時代においては、研究者は、自分の能力や経験を最も発揮できる場所を選択し移り住み、その国や場所・組織で活躍するのだ。

実際これまでの日本人受賞者のうち4名は、受賞時点で外国籍を取得していた。また日本国籍であっても、利根川進氏はマサチューセッツ工科大学教授、根岸英一氏はパデュー大学特別教授などのように、受賞時には海外の大学などに在籍していた方々もいた。

これらのことが意味することは、研究環境や待遇などにおいて、米国をはじめとした海外の大学などの方が日本のカウンターパートよりも好条件や良好な環境などであることから、そのような実態が生まれているということだろう。

このような観点から考えると、２０２２年ＯＩＳＴのペーボ教授の受賞や２０２１年のベンジャミン・リスト北海道大学特任教授のノーベル化学賞受賞の意味は、実は大きな意味をもっているのである。

日本人がノーベル賞を受賞することは誇らしく、喜ばしいことだ。だがグローバル時代において、外国人研究者が、日本の大学などを選択し、そこで研究してくれるということは、日本の組織・機関が、他の国のカウンターパートと比較して、優れた研究環境を提供して、魅力的だということを意味しているのだ。

そのような状況に対して、単に外国国籍の方に、日本や税金がいいように使われているという意見もあるかもしれないが、グローバル時代には研究活動などもグローバルに行われるのは当然だ。日本はむしろ、そのような人材・活動やそれによって構築される知見やネットワークなどをできるだけ活用して、日本や日本人だけではできない研究やイノベーションを生み出して、国益を拡大していくような賢さを身に付けていくべきだ。このような視点（特に「多様性」の重要性）については、『多様性の科学…画一的で凋落する組織、複数の視点で問題を解決する視点』（マシュー・サイド、２０２２年）が参考になる。

また海外の優れた研究者などが研究活動で日本に滞在したりすることは、日本の知見の向上やその蓄積の拡大に貢献するばかりでなく、さらに安全保障上も日本にプラスに働くのではないだろうか。もちろん経済安全保障などの観点から知財の海外流出防止などの対策・対応も同時になされる必要はあるわけだが。

このように考えると、ＯＩＳＴの教授のノーベル賞受賞は、日本の大学や研究機関に対して、別の可能性やとるべき方向性を示しているということができるだろう。

③国際・海外組と国内組の混成融合チーム

さらに、今述べたノーベル賞受賞者の意味にもかかわるが、ＯＩＳＴは、これまで述べてきたことからもわかるように、国内外の人材が融合する場であり、国際性や外国人材をベースにして日本の知の筋力を強化していくことのできる装置だ。これは、国際・海外組と国内組との混成融合チームであるラグビーワールドカップやワールド・ベースボール・クラシック（ＷＢＣ）の日本代表チームのメンバーの多くが、国際舞台で大活躍しているのと同じだといって良いであろう。

その意味で、ＯＩＳＴは、日本が、今後国際舞台で活躍し、成果を収め、勝ち抜いていくために必要な方策を、知的分野で示しているといえるだろう。

（7）問題と課題…さらなる発展のヒントとして

これまでは、ＯＩＳＴの良い面や優れている面やその成果について検討してきた。それらの面などは、日本の従来の組織や社会には必ずしも存在していなかったり、劣位な状態にあるものだったといえるだろう。さらに、「ＯＩＳＴは、単に欧米のやり方だけでなく、それを超えた国際的な環境ややり方を構築する実験場だ」（メラニー・チャットフィールド副学長（戦略実行担当））という意見もある。

それらの意味でも、日本の組織や社会が、ＯＩＳＴのこれまでの経験や知見から学ぶことができれば、新しい可能性や方向性が生まれてくるともいえるだろう。

他方で、ＯＩＳＴは、今もトライ・アンド・エラーを続けている実験場である。その意味で、すべてが順調満帆に機能しているわけではなく、問題や課題もある。

そこで次に、ＯＩＳＴが現在抱え、取り組んでいる問題などについても検討しておきたい。

これまでは、ＯＩＳＴの優れた面あるいはプラスの面にフォーカスしながら論じてきた。そして、それらの面は、日本社会においてもっと評価され、日本社会の今後に向けて、ま

た新しい可能性を生み出していくために活かされるべきだろ
筆者は、ＯＩＳＴ創設後はじめての滞在研究をした社会科学分野の専門家だ。そのような機会をいただいたことには感謝している。しかし、それは、ある意味で、ＯＩＳＴがこれまで社会的な視点からあまり考えられることがなかったことを意味しているともいえる。
ここでは、社会科学的視点から見えてきたＯＩＳＴの現状における課題や今後改善すべき点などについて検討していく。

1）突入しつつある「第二のステージ」

ＯＩＳＴは、設立後10年以上が経ったが、その歴史はいまだ短いといえる。

しかし、２００１年６月には設立構想が発表され、その後、ＯＩＳＴ前史ともいうべき「独立行政法人・科学技術振興機構（ＪＳＴ）の新大学院大学先行研究事業（２００４年４月～２００５年８月）」や「独立行政法人・沖縄科学技術研究基盤整備機構（２００５年９月～２０１１年10月）」の活動時期も含めれば、既に約20年の活動の歴史がある。その意味では、ＯＩＳＴも、組織自体の知見・経験などもある程度蓄積されてきているといえる。

また、ＯＩＳＴは、２０２０年３月に「沖縄科学技術大学院大学戦略計画」を公表し、そのなかで教員規模などを現在の3倍程度にする計画を立てている。

他方、ＯＩＳＴの主な財源である日本政府からの支出予算が急速に増加した時期もあったが、最近5年間ぐらいは、増減はあるが全体としてはフラット化してきており、現時点では今後もその状況が大きく変わることはない状況にある。

ＯＩＳＴは、基礎的財源はフラットになってきている一方で、何人かの大学幹部が、「以前は、ＯＩＳＴは潤沢な資金を政府から得ているから、外部資金の申請などはするな」というような声もあったが、「最近は政府から、外部資金を現在の7・8%から引き上げて20%は獲得するように要望されている」と指摘していたように、ＯＩＳＴにも外部資金獲得の圧力が高まってきている。そして、実際「以前は内部資金だけで研究できたが、近年は外部資金をとってくる方向に向かっている」（佐藤教授）。またそのことは、ＯＩＳＴが、申請等に習熟すれば、科研費（科学研究費助成事業）などの外部資金を今後獲得拡大していける「伸びしろはある」（比嘉副学長）ということでもあろう。外部資金を増やすために、「研究資金申請を奨励するインセンティブを設ける必要がある」ことや「（欧州の資金制度で研究とイノベーションのためのＥＵの主要プログラムである）Horizon Europeの参加や研究資金の申請および獲得を目指す」（ニコラス・ラスカム研究担当ディーン兼ゲノム・遺伝子制御システム科学ユニット教授）ことも考えているようそして、資金はあるだけで十分に活かされるわけではない。その使い勝手と使い方における工夫も必要かつ重要だ。その意味で、「今後、ＯＩＳＴでも民間事例を活かすための外部委員会の設置などの工夫を行い、地元還元、財源による柔軟な対応変更なども考えている。設計・施工などの一括発注の試み、外国人研究者から評判の悪い単年度会計主義の工夫なども考えている」（ＯＩＳＴスタッフ）ようだ。今後、これらの点での改善・工夫が必要になってきているといえるだろう。

また、ＯＩＳＴは、そのような予算状況でもコスト意識が十分にない人もいるし、紙ベースで動いている面もあるので、その状況を改善していくために、「ＩＴ戦略をはっきりさせ」ながら、今後規模が大きくなっていくなかで、他部署との関係も強化しつつ、「道具としてのＩＴなどを活用し、コストを抑え、より効率性をあげていく」（河井副学長）ことを考えている。

そして、ＯＩＳＴでは、「ダイバーシティがシナジーに変換され」（河井副学長）て、研究、教育、アドミニストレーション、つまり教職員にはさまざまなバックグラウンド（大きく分けると、主に研究・大学、役所、民間の三つの分野）の方々がいるが、各々の良さや相互の化学反応のシナジー効果が生まれ、今以上に組織全体が一体となり、十二分に新しくかつさらに有効な力になっていくことが期待されるところだ。

他方で、このような多様な人材が存在し、新しい仕組みの下に運営されているＯＩＳＴは、教員規模も拡大し今後さらなる拡大を目指しているが、「教授間や教員と事務との間の学内におけるコミュニケーションをどうするか」（銅谷教授）ということも大きくかつ重要な問題・課題になってきている。

これまで述べてきたことからもわかるように、ＯＩＳＴは、従来の日本の組織というより、欧米の組織に近く、組織のトップなどに多くの権限が集中している。その意味において、トップなどは情報をできるだけ開示し、研究者をはじめとする教職員や学生との信頼の構築が重要だ。ある教員は、「信頼関係がこれまでも何度も危機に直面したことがあった。さまざまなフリクションも起きている。これらのことからも、ＯＩＳＴ内でも、情報のトランスパーレンシー（透明性）がもっと必要であり、相互の関係性をオープンにしていくことが必要」であり、「教職員間の相互の敬意と信頼関係も必要だ」と指摘した。

このような状況を勘案すると、ＯＩＳＴは現在、その設立当初の段階から「第二ステージ」に入りつつあるということができるだろう。

戦略や具体的な計画の再構築、さらに学内コミュニケーションや情報共有の在り方の再確認および再構築の時期に入ってきているといえる。

2） 組織運営の振り返りと再構築の必要性

ＯＩＳＴは、1）にも関連するが、その組織的な歴史や経験が蓄積されつつある。他方、その蓄積が生まれてきているからこそ、今後の組織運営との間にコンフリクトが生まれてきている状況にある。

ＯＩＳＴは、日本でこれまで一般的であるメンバーシップ型雇用の組織ではなく（最近は、日本でも、ジョブ型雇用の組織になることとの必要性や方向性が高まってきている。他方で、それによる組織の制約や柔軟性の欠如などの理由から、「ジョブ型雇用」は終わったというような議論もでてきている。）、ジョブ型雇用の組織である。両雇用組織はそれぞれに利点も欠点もある。

後者はどちらかといえば、欧米型であり、スタッフなども専門性を高められ深められるという利点がある。他方、組織や情報が「セクショナリズムになってい」（ＯＩＳＴスタッフ）たり、縦割で「サイロ化」しがちになり組織全体が有機的に機能しにくい面があることや組織全体を理解できる高度な管理・経営人材の成長・育成の面では難しい問題や課題もある。なおサイロ化とは、各部門が独自に業務を遂行し孤立した状態を指し、組織のコラボレーションやコミュニケーションを妨げる障壁となり、効率低下や情報の流れの停滞などが起きることである。ＯＩＳＴ内部ヒアリングでは、複数の方々がＯＩＳＴは「サイロ化」していると指摘していた。他方で、ＯＩＳＴの職員に「ＯＩＳＴマインド」を醸成するために「ＯＩＳＴ事務職員向け勉強会」などの試みも行われている。なお、『サイロ・エフェクト』（ジリアン・テット、文藝春秋、２０１６）は、フェイスブック（現在のメタ・プラットフォームズ）などにおける「サイロ化」を防ぐ実例などが提示されており、ＯＩＳＴにおける専門性を活かしながら「サイロ化」による弊害を抑制するための方策として参考になろう。

今述べたことにも関係するが、外部の方からは、ＯＩＳＴは、「（ワン・ストップ・ステーションになっていず）どの部署に話をすべきか分かりにくく、ある部署の担当に話をしても、他の関連部署に話が伝わらない」、「決まっている問題・課題は担当があるので問題ないが、それ以外の問題・課題や事柄および教育全体の問題について議論することなどが難しい。そのような機会がほしい」、「学校とＯＩＳＴの両者が話し合える場や窓口がほしい」や「ＯＩＳＴ内部での情報共有の改善が必要」などという指摘もあった。今後、またＯＩＳＴがある沖縄は、高度人材やマネジメント人材などの雇用市場としても制約があり、キャリアチェンジが難しい地域だ。そのため、ＯＩＳＴが公募をしても人材がなかなか集まらない現状がある。その意味で、学内人材による中長期的な管理職の育成や優秀かつまた、あるいは高度な幹部に成長していく上でのモチベーションの維持などにおいて、ＯＩＳＴ独自の人材管理・育成の仕組みづくりは今後ますます必要かつ重要になってきている。近年は、ＯＩＳＴでの「学内公募」などを優先させ、実際に配置転換するスタッフや昇進するようなケースも生まれているそうだ。またＯＩＳＴでは「従来中途採用がメインで、将来を担う若手の育成という意識が低かったが、プロパーの人材育成のために、空職に新卒をとる試みを行っている」（ＯＩＳＴスタッフ）。

3）ＯＩＳＴ全体を見渡せる部署の構築の必要性

ＯＩＳＴは、ジョブ型組織であり、研究関連部門およびアドミ部門が組織構成および人材的にも十分に有機的かつ機能的に密接につながっていない面もあるようだ。

その意味で、ＯＩＳＴを縦断的・水平的にかつ垂直的につなぎ合わせ情報が集約され、社会との関係性を踏まえて、学長・理事長等に必要な情報を提供したり、ＯＩＳＴの今後を考え、必要な提案を行える部署が設置される必要があろう。ＯＩＳＴが、「第二ステージ」に入り、ＯＩＳＴ学内外のより有機的な機能性への重要性が高まる状況で、このような部署の必要性が特に高まっているといえる。

4）社会性の向上や政府とのより緊密な関係性の向上

ＯＩＳＴは、沖縄県の国頭郡恩納村にあるが、その恩納村のなかでも、ある意味周辺地域から孤立・隔絶した場所にある。しかも、理系が中心の大学・教育研究機関である。それらのことのために、極言すると、ＯＩＳＴは、「社会から隔絶」しており、「社会性が希薄」であると、筆者は滞在中何度も感じた。

ＯＩＳＴ自身も、この点に関して問題意識は生まれてきているようだ。ＯＩＳＴは、一橋大学と共に、２０２２年から、文理融合による科学技術やビジネスの加速を目的とし「ＯＩＳＴ・一橋インターンシップ・プログラム」を開始した。このプログラムでは、選抜された一橋大学のＭＢＡ学生たちが、インターン生としてＯＩＳＴのディープテック関連プロジェクトや、スタートアップ企業に参加、科学とビジネスのギャップを埋めることを目指している。今後、社会科学系科目の開講なども考慮されることを期待したい。

その社会との関係性の現状は、ＯＩＳＴ自身（組織およびそれに関わる方々を含めて）

が、社会への感受性が低いことや社会的立ち位置を必ずしも十分に理解できていない可能性があることを意味しているともいえる。

そして、ＯＩＳＴは、恩納村という中央・地方政府から離れた場所にあり、これまではそのことがプラスに機能してきたということができるが、政府資金のフラット化による財政的制約も生まれており、先述したように「第二ステージ」に入ってきているなか、そのプラス性が、デメリットにもなってきているといえよう。

そこで、ＯＩＳＴは、その独立性や独自性を維持しながらも、社会や政府との関係性やコミュニケーション等を向上させていくことが、これまで以上に必要かつ重要になってきているといえる。

特に沖縄では、新聞メディアでは地方紙が中心で非常に重要な役割を果たしていたり、ラジオが重要なメディアであるなど地域社会のメディアの特性が日本本土と大きく異なっている。その意味で、ＯＩＳＴは、沖縄地域の意味付けが大きいので、その状況に合致した情報発信の工夫が必要だ。

地元沖縄の何人もの方々などから、「ＯＩＳＴはもっと露出度や認知度を向上させてほしい」、「今以上に、広報対応で工夫や積極性がほしい」、「応答度の向上が必要」、「たとえば高校生や子どもにもわかる程度に、ひいては地元民にもわかるように、もっとわかりやすく、やわらかい形での情報発信を期待したい」や「子どもも含めて外部からの意見を聞いてほしい」などという意見や指摘をいただいた。

他方、OISTは、「よくやっているが、外部からみえにくく、わかりにくい」（OISTスタッフ）という意見や、広報において「ローカル（沖縄）、ナショナル（日本）、インターナショナル（国際社会）の3つの異なる視点から対応する必要がある」（ヘザー・ヤング副学長（広報担当））し、「日英の両言語での対応で大変。広報部門の人員が足りない」（佐藤教授）という内部の意見もあり、今後の工夫や改善を期待したいところだ。

さらに、OISTは、沖縄の方々にとって、「何か高いレベルの研究や活動をしているが具体的に何をしているのかよくわからない」というイメージも根強いようだ。また「組織的に地域などへの意識を育てていないので、沖縄の人々にとり、OISTって、何なのという感じがなくならない」、「地域や産業との距離が縮まっていない」、「OISTは、何か高いレベルの研究をしているようだが、近寄り難い、敷居が高い」などの厳しい指摘もあった。さらに、「（OISTのある）恩納村は、リゾートエリア。沖縄の人が行くことはないし、わざわざ行く場所ではない」などという意見も聞いたが、OISTは、沖縄の人々にとっては、リゾートエリアであり、[illegible]

ようだ。

他方、ある方からは、「ＯＩＳＴは、米基地対策でできたと考えていて、近づき難かったが、行ってみたら、オープンで、教員なども沖縄に貢献したいという意識が強いこともわかった」、「アドミや多様性のある人材をもっと地域に活かせたら、ＯＩＳＴの意味が出てくる」「沖縄に貢献するために、地元の他大学の公開講座などの取り組みも参考にしてもっと工夫できる」というような意見や期待もあった。

ＯＩＳＴの置かれた環境や研究の素晴らしさは、沖縄の方々にももっと知り理解してもらう価値のあるものといえる。その意味で、ＯＩＳＴのほうから、「敷居が高い」というイメージを払拭するためにも、自ら沖縄の街に出ていき、その社会や人々にこれまで以上に積極的かつ前向きに働きかけていくことを工夫していく必要があるといえるだろう。

5）サイエンスやテクノロジーおよび社会との関係性

近年におけるサイエンスやテクノロジーの発展および進展は、人間社会を非常に大きく変貌させてきている。またそれらは従来も人間社会を大きく変えてきているわけだが、近年の変化は、従来とは比較にならないほどに飛躍的かつ加速度的に起きてきている。特に生成ＡＩやＩＣＴ、データなどの進展のように、近年のサイエンスやテクノロジーは、従来とは比較にならないほどに私たちの生活に浸透し、密接に関わり、社会を根本から変貌させつつあるということができるのである。

そして、そのような状況が生まれてきているがゆえに、社会を知らないことには、新しいテクノロジーやサービス、ひいてはサイエンスにも関わることができない状況が生まれてきているといえる。そのことはつまり、従来のような日本における文理別の発想や教育だけでは十分に対応できないことを意味している。

そのようなコンテクストのなかで、近年では文理融合やＳＴＥＭ／ＳＴＥＡＭ教育なども声高に主張されるようになってきているわけだ。

また米中の貿易・技術戦争、ウクライナ戦争、半導体に絡む中国・台湾・米国関係などに象徴されるように、テクノロジーやサイエンスの問題が、国際関係や紛争などにも大きく影を落としてきている。

これらのことは、理系が中心のＯＩＳＴにも当てはまる。そして、これらのことは、先述の4）とも関連する視点であるが、現在のＯＩＳＴは、そのセッティング・環境やカリキュラムからも、社会科学や社会性の要素がほとんどない状況にある。それらの点は、ＯＩＳＴの「新世代の科学を率いるリーダーを育成」という目的の観点からも改善されるべきことであるといえるだろう。

6）その他

上記以外にも、政府予算のフラット化への対応における工夫、外部資金の獲得、産学連携およびイノベーションの推進を通じた研究成果の社会的活用・実装・商品化への高まる要望・要求、沖縄の振興や発展・飛躍への貢献の高まる必要性・要望などから生じる問題・課題等に対処していく必要があるといえるだろう。

その一つとして、2023年5月に決定された政府の沖縄振興基本方針、沖縄県の新・沖縄21世紀ビジョン基本計画において、OIST、琉球大学等を核としたイノベーションエコシステムの形成を目指すとされている。その創設の際には、OISTがイニシアティブをとり、沖縄のスタートアップ人材をはじめとした人材などを巻き込みながら、沖縄県や恩納村と調整し、創設していくべきだろう。そのためには、OISTは、沖縄を中心としたスタートアップ人材との強力なネットワークを事前に整備しておく必要があろう。

その場合、OISTは、これまではその基礎固め・土台固めのためにその注力は内部に向かっていたことは当然のことだった。今後もその点にも多くの力を注力していくことは必要だが、最近そして今後は、OISTの方からより積極的に学外に出ていくことが求められる状況になってきているといえよう。特に広報や産学連携・ビジネススタートアップなどの活動・業務では、地域や国内外の状況や特徴を踏まえたうえでの、その視点やそのための積極的でプロアクティブな指向が必要不可欠だろう。

第4章

沖縄科学技術大学院大学（OIST）と東大　その比較と教訓

沖縄科学技術大学院大学（OIST）と東大　その比較と教訓

本章では、これまで検討してきたOISTおよび東大を比較することで、そこから教訓を得るとともに、今後の日本の可能性について考えていきたい。

まず両大学について、いくつかの観点からの両大学の相違点および共通点をみていきたい。図表4-1は、それらの相違点および共通点についてまとめたものである。

次に、同図表を参照しながら、両大学について、いくつかの観点から検討していく。

①歴史的位置付け

同図表やここまで検討してきたことからもわかるように、東大は、日本が明治以降の近代化・キャッチアップを推進していくために構築された装置であり、近代化などを推進する人材の育成・養成を図る場所だったということができる。

明治以降の近代化や第二次世界大戦後の復興においては、日本という国や社会の方向性は明確であり、そのような状況においては、人材や資源などを効率的にかつ有効に活用していくことで、短期間に成果を出すことができたのだ。その意味では、「東大」は、非常に有効な装置であり場所であったということだろう。

そして、極論すれば、日本は、東大を頂点とするマスプロ的な教育や研究の体系を構築し、ある意味画一的組織や人材を作り出して、効率的に社会発展を成し遂げてきたということができる。

しかしながら、日本社会が全体として豊かになり、個々人が多様な意見や価値観を持つようになると、画一的で集約的な対応の従来モデル（東大を中心としたモデル）は十分にマッチした対応ができなくなってきたのである。なおもちろん日本の大学でも、少人数授業なども増やそうという努力が以前よりかなりなされてきている。

その結果が、昨今の東大卒業生の動向などであり、ひいては政府の政策対応や日本の現状にもつながってきているといえるであろう。

これに対して、ＯＩＳＴは、多様性や国際性のなかで、教員や学生の主体性を活かし個々人に応じた対応を行い、オリジナリティやイノベーションを創出し、新しい社会や時代を切り開き、時代を先導する研究や人材育成を目的としており、まさに日本の従来の「近代化」のモデルやそれを運営していくための人材を作り出す装置を超えた大学なのである。

コンセプト、価値等	総長・学長・理事長
・世界最高水準、国際性、柔軟性、世界的連携、産学連携 ・卓越性、他者の尊重、責任感、透明性、持続可能性、多様性、勇気、自由 ・公用語：英語	カリン・マルキデス（スウェーデン出身）[注3]
・国籍、民族、言語等のあらゆる境を超えた人類普遍の真理と真実の追究、世界の平和と人類の福祉、人類と自然の共存、安全な環境の創造、諸地域の均衡のとれた持続的な発展、科学・技術の進歩、文化の批判的継承と創造に貢献 ・学問の自由に基づき、真理の探究と知の創造を追求、世界最高水準の教育・研究の維持・発展、研究が社会に及ぼす影響を深く自覚し、社会のダイナミズムに対応・広く社会との連携の確保、人類の発展に貢献 ・創立以来の学問的蓄積の教育による社会還元、国際的な教育・研究の展開と世界との交流	藤井輝夫
	・東大は女性・外国人のトップはなし ・OIST のトップは歴代外国籍者

注3：2023 年 6 月 1 日就任。

図表 4-1：OIST と東大の比較表[注1]

項目	設立年	歴史的役割	大学 ランキング	主な 所在地	理事
OIST	2011	・科学的知見の最先端を切り拓く研究（世界最高水準の研究） ・次世代科学研究をリードする研究者育成 ・沖縄社会貢献（沖縄でのイノベーション促進拠点）	9 位	沖縄県 国頭郡 恩納村	理事 17 名 （含議長・副議長、内日本人 6 名、女性 4 名、ノーベル賞受賞者 4 名、多様な国籍）
東大	1877	・日本社会の近代化 ・官僚養成機関	40 位	東京都 文京区 本郷および目黒区駒場等[注2]	理事 11 名 （含総長。全員日本人。内女性は 4 名）
備考		・社会全体と多様性 ・包括性とエッジ性	・Nature Index「質の高い研究機関ランキング」2019	・政府や社会からの距離および影響度合い	・多様性と画一性 ・東大もジェンダーバランスへの配慮の試み

注 1：これまでの情報や検討等を基に、筆者が作成。
注 2：東大にはそれ以外にも 3 つのキャンパス、日本全国各地に施設、そしていくつか
海外拠点がある。

学生数 留学生	収入・ 支出額	組織・雇用・採用	ノーベル 賞受賞者	関連ベンチャーや スタートアップ等
・264名 ・内外国人213名(2023年1月現在)、女性4割	約230～240億円	・ジョブディスクリプション（職務記述書）に基づくジョブ型 ・随時採用 ・狭義の教職員以外の「中間人材」の存在 ・すべての教職員がスペシャリストの傾向	1名（兼任教授）	・5社程度（2024年1月時点）[注5]
・約3万名 ・内女性7千名[注4]、外国人4,624名(2022年)	約2,800億円	・主にメンバーシップ型 ・定期的採用 ・独自採用（事務、中途採用等）および関東甲信越地区の国立大学法人等の事務系・図書系・技術系の業務従事の職員を採用 ・研究職採用は別途 ・基本的には、狭義の教職員がメインの存在 ・一部を除く、職員はジェネラリストの傾向	9名（卒業生）	・約480社（2022年3月31日現在）
多様性の幅の相違	・10倍以上の違い ・歴史的な長さの違いによるインフラの量の相違	東大の工夫としてきているが、日本の一般的な組織の採用・雇用の要素が強い	2023年4月時点	

注4：2023年入試合格者の23％が女性（過去最高）。
注5：OISTは、大学発でないスタートアップなども支援。

項目	教育・研究、 研究科・学部	所管官庁	主要関連法令	教職員数 多様性
OIST	・理系の単一の研究科・専攻 (88 研究ユニット) ・学生の適正を考慮したカスタマイズされたプログラムの博士課程 ・全教員が各研究ユニットを主宰	内閣府	沖縄科学技術大学院大学学園法、私立大学法等	・全教職員数 1,098 名 ・女性比率は全体として高いが、教員では低い ・外国人比率は、事務スタッフでは低いが、全体では 45% と高い
東大	・総合大学 (15 研究科 89 専攻、10 学部 44 学科) ・学部はマスプロ教育中心 ・講座制	文部科学省	国立大学法人法、国立大学法人法施行令、国立大学法人法施行規則、国立大学法人評価委員会令、教育基本法、学校教育法、独立行政法人通則法、国立学校設置法等	・全教職員数 11,509 名 ・女性比率は、職員では高いが、教員では低い ・外国人比率低い (多様な国籍)
備考	・単科大学か総合大学	・この点からも、OIST が日本の大学の枠組みを外れていることがわかる		・国籍やジェンダーなどにおける多様性

②地理的位置

東大は、メインキャンパスが日本の政治および経済の中心地である首都東京にある。東大の日本における位置付けと東京にあることから、多くの教官などが、政府の審議会や委員会などに参加していることも多く、政府や政治との関係は、いろいろな面であり、ある意味で密接だといえるだろう。

東大が、東京にメインキャンパスを構えているのは、その設立の趣旨からも、日本という国家の近代化と一体化していたことから、当然のことであるということができる。

これに対して、ＯＩＳＴは沖縄県、しかも県庁所在地那覇市から離れた恩納村にあるが、同村でも特に周辺から孤立した場所にある。先にも論じたように、このような距離感は、研究への専念性の確保や政府などからの影響を抑制するという観点からすると非常に有効かつ重要である。特に政府・行政からのパターナリズムの強い日本において、政府の強い枠組みからある程度の自由度を得て、独自のシステムを構築するという意味では、ＯＩＳＴの置かれた地理的位置は非常に重要なのである。

この両大学の置かれた地理的位置の違いこそが、政府との一体性および現在の社会や仕組みを変革するという役割において、両大学が異なる役割や意義を担っていることの象徴とでもいうべきことなのである。

③枠組み（垂直・水平）

東大は、大規模組織として、総長の下に、役員会、経営協議会、教育研究評議会があり、総長室、本部業務を行う室等、本部事務組織、附属図書館、文書館、学部、研究科、附置研究所、学内共同教育研究施設、国際高等研究所、学際融合研究施設、全国共同利用施設、連携研究機構が並立して並ぶ構造になっている。

大学トップなどの権限は、以前より強化されてきているが、日本の大学（特に国立大学）は、学部などの独立性が強く、学内教員が学長などのトップの選考に関わることが多く、トップがリーダーシップをとりにくい構図の組織なのである。このことは、当然東大にも当てはまる。

図表 4-2：OIST の組織図（概略）

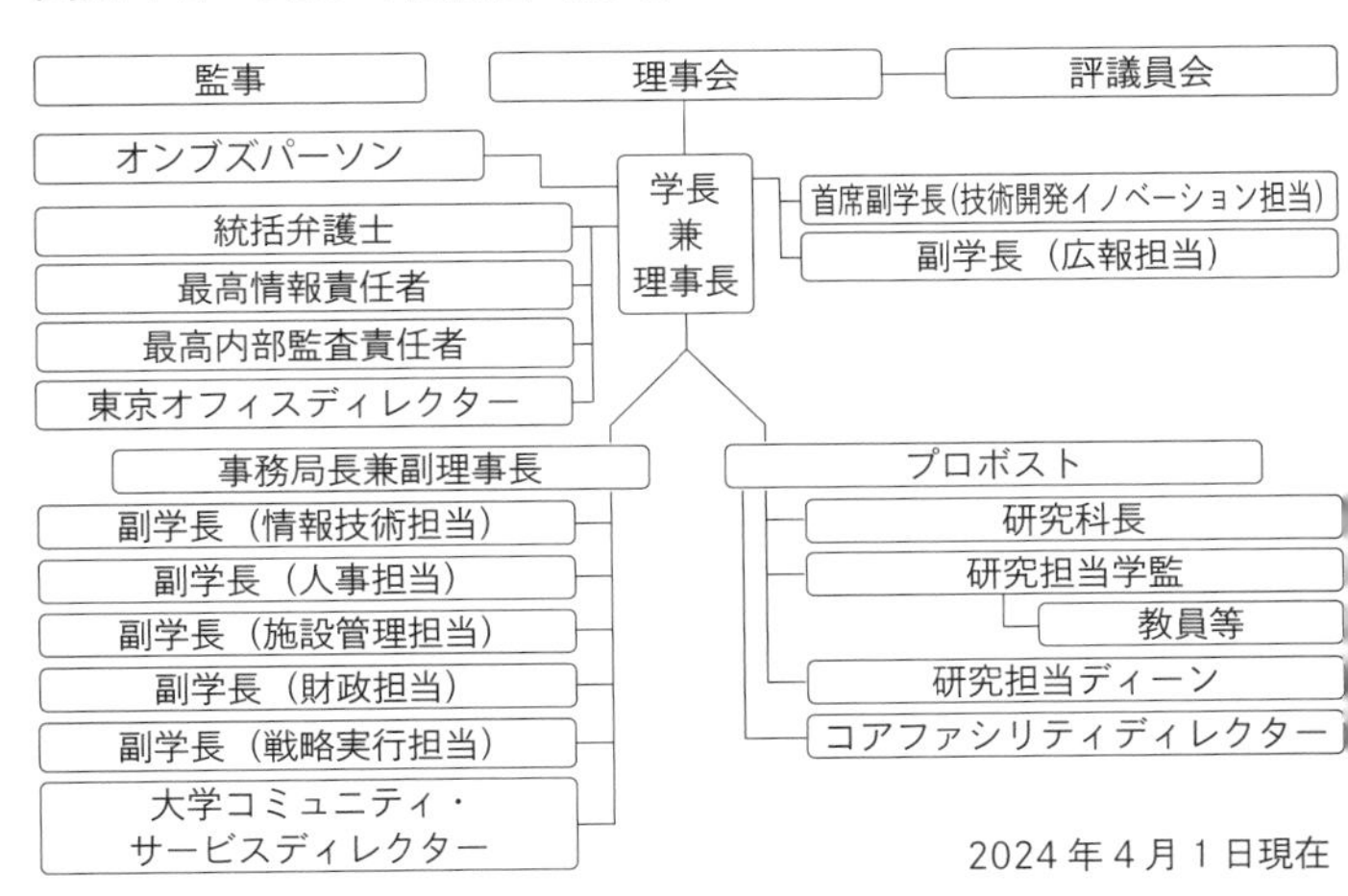

出典：OIST の HP

つまり東大は、組織的には垂直的構造のようにみえるが、実態はかなり水平的構造の組織であるということができるだろう。

他方、ＯＩＳＴは、図表４-２のような組織構成になっており、すべての権限が学長・理事長に集中していることがわかる。

ＯＩＳＴの場合、学長・理事長は、世界中の候補者の中から総合的な選考を行った学長兼理事長選考委員会の推薦を受け、ＯＩＳＴ理事会によって選出される仕組みになっている。そのプロセスに、ＯＩＳＴの幹部（一部）を除く教職員が関わることはない。このために、学長・理事長は、強いリーダーシップを発揮し、独自の運営をすることが可能な構造になっているといえるのである。

最終的には理事会の承認が必要だが、学長の独自の判断で組織の改編や人事変更なども行われている。そして、その活動などの評価が、学長の給与などにも影響するようになっているという。つまりＯＩＳＴの場合、学長・理事長の権限と成果の評価のメリハリが明確になっているということができる。日本の大学では、この点でも曖昧さがあるのが現状だ。

余談になるが、先にも述べたように、社会科学系の専門家である筆者が、理系のＯＩＳＴで滞在研究したいと申し出た際に、その受入れの仕組みや前列がないことから、いきなりオンラインでの学長面談になり、やや面食らった。なお、その面談で受入れの承諾を得ることができ、その後は関連する職員の方々の尽力もあり、スムースに対応していただいた（このことに関しては、ピーター・グルース学長（当時）および関係各位にはお礼を申し上げたい）。これも、決める権限が学長にあるということの一つの象徴的出来事だったといえるだろう。

他方、ＯＩＳＴは、「サイロ化」しがちな組織の運営の難しさもあるが、このような権限の強い学長と共に、ジョブ型雇用で専門性がある多様な背景をもつ人材がフラットさと所掌に応じた権限や役割を活かして、活動する仕組みになっている。

以上のことから、組織構造や組織運営の点でも、ＯＩＳＴと東大が大きな違いがあることがわかる。

④多様性

東大も、近年は教員や学生などにおいて、女性比率を高める努力をしてきているが、更なる向上が期待されるところだ。また教職員や学生において、出身国・地域の多様性はあるが、外国人比率は、ＯＩＳＴなどと比較するといまだかなり低いのが現状だ。

これに対して、ＯＩＳＴは、多様な国や地域から多くの教職員が集まってきており、教員では改善の余地はあるが、教職員全体における女性比率は約半数を占めている。また学生も、国籍・地域・ジェンダーを含めた多様な人材から構成されている。

以上のことからもわかるように、東大は日本の組織としてはある程度国際化しているといえるが、ＯＩＳＴの国際性や多様性の方がより先進的であるということができるだろう。

⑤ソフトとハード

東大も、その本郷や駒場のキャンパスに多くの新しいビルや施設ができてきている。さらに、２０００年（平成12年）には、柏地区キャンパスが、東大の21世紀における新たなる学問の発展に向けた構想に基づき、本郷および駒場に次ぐ第3の主要キャンパスとして建設され、現在「柏キャンパス」「柏Ⅱキャンパス」「柏の葉駅前キャンパス」から構成されている。その新しいキャンパスをみると、東大の今後の方向性がより鮮明になると考えられるので、その点について検討していきたい。

柏地区キャンパスのＨＰの柏キャンパスの説明によれば、「東京大学は、明治10年（１８７７年）以来の伝統的学問分野を深く極めてきた本郷キャンパスと、昭和24年（１９４９年）以来複数の学問分野の接点において新たな学際的領域を開拓してきた駒場キャンパスを両極として発展してきましたが、平成12年（２０００年）に学問体系の根本的な組み換えをも視野に入れた学融合を志向する柏キャンパスが加わりました。柏キャンパスではこのような『知の冒険』を目指して様々な新しい取り組みが行われてい」るという。

その意味で、東大は、従来のキャンパスなどと連携しながら、従来の学問分野を超えた、新しい学問分野の創出を進める知の拠点になることを目指しているといえる。他方、下の図表の写真などをみてもわかるように、キャンパスや建物自体は整然と配置され、従来と大きくは変わっていないような印象を受ける。

また、キャンパスのある「柏の葉キャンパス」地区は、柏の葉スマートシティの構想があり、市民と行政・企業・大学などが連携してまちづくりを進めていくために柏の葉アー

図表 4-3：東京大学柏キャンパス全景

出典：東京大学柏地区キャンパス HP

バンデザインセンター柏の葉（UDCK）が設立されている。そのなかで、東大は重要な役割を果たすことが期待されているようであるが、筆者が訪問し、現地を見学しながら説明を受けた限りでは、東大がその地域のまちづくりに密接かつ積極的に関わっているようにはあまり感じられなかった。またそのキャンパスも、大学院や研究所が中心ということもあり、地域との密接なつながりはあるようにはあまりみえなかった。

これに対して、OISTは、図表4-4および図表4-5をみてもわかるように、キャンパス自体の外観からも、日本の一般的な大学とは大きく異なっている。

キャンパスにおける建物とその内部は、先

図表 4-4：OIST のキャンパス風景（一部）

出典：OIST 提供

にも述べたように、ＯＩＳＴの理念などとも関係する環境保全や地域貢献などが活かされ、学際性や多様性によるインターラクションが起きやすい工夫が随所にまたきめ細かく活かされている。このキャンパスや内部の設計や建設も、知的組織などの設計に長けた国内外および沖縄の企業などの国際的なチームが関わり、国際性と沖縄伝統などが活かされたユニークかつ刺激的なものとなっているのである。

つまり、ＯＩＳＴでは、その理念等とそれに基づくハードウエアーが一体化し、別言すると、ソフトウエアーがハードウエアーにも体現され、イノベーティブな環境が形成されているのである。

図表 4-5：OIST の建物の内部の様子

出典：OIST 提供および筆者撮影

⑥規模（大規模・小規模）および総合性（総合大学・特化型）

東大は、日本の大学の中でも、有数の大規模な大学であり、最も多くの研究・教育分野をカバーした総合大学といえるだろう。また日本ではこれまで大学院教育の社会的な役割の重要性が低く、学部教育も重要な役割をもっているが、東大は、基本的には研究型大学であるといえよう。

また東大のような大規模な大学の場合は特に、学際志向を表明していても、その実態は学部や研究科の独立性や独自性が強く（そのことの良い面もあるのだが）、現実には既成分野を超えた研究や教育を行うことが難しいのが現実だといわざるを得ない。

そして筆者の大学においてマネジメントなどに関わった経験からすると、大学（大規模大学は特に）の経営・運営・意志決定等は非常に時間がかかり、難しいものがあるといえる。一方で、東大のような大規模な大学であるがゆえに、大きな独自プロジェクトやネットワークなどを実現することが可能な面もあるといえるだろう。

他方、ＯＩＳＴは、先にも検討したように、教職員（特に教員）も学生の数においても、ある意味非常に小規模な大学である。そして、そうであるがゆえに、お互いの顔がみえ、きめ細かな対応が取りやすく、またＯＩＳＴの目指す学際的研究や教育の点でも、その利点が今のＯＩＳＴでは実際に活かされているということができるだろう。さらに、小規模であるだけでない、社会や状況の変化に応じた柔軟な組織の変化や対応なども小回りが利き可能な面もあるといえるだろう。

ここで規模に関して考えておくべき一つの視点がある。それは、「多様性」の視点である。その視点に関して、国際的にもベストセラーになった非常に興味深い『多様性の科学：画一的で凋落する組織、複数の視点で問題を解決する組織』（マシュー・サイド、2022年）という本がある。

同書は、CIAなどを例にあげながら、同じような考え方を持つ人材ばかりから構成される集団では、盲点に気づきにくいことを説明し、多様性がないと集合知は発揮されないと指摘している（図表4-6参照）。

図表 4-6：多様性がないと集合知は発揮されない

問題空間を幅広くカバー
問題空間の異なる場所から意見や知恵が出せる

賢い集団

賢い個人

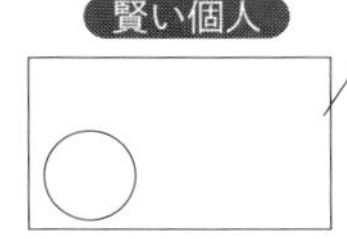

問題空間
(Problem spac
特定の問題解決やゴール達成に必要な洞察、視点、経験、物事の考え方などを示してい

多様性があっても対処する問題と密接に関連し、かつ相乗効果を生み出す視点を持った人々を見つける必要がある

多様性はあるが無知な集団

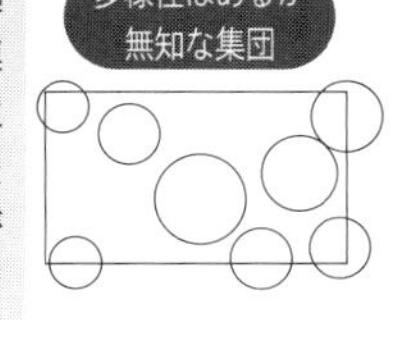

無知な集団

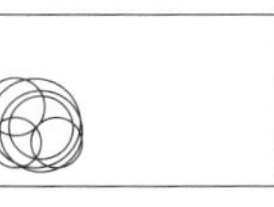

同じような考え方の集
一人ひとりは優秀で
集団になるとそうで
ない状態集団は本質
に同質化しがち

出典：『多様性の科学』

この指摘から、多くの人々から構成された組織の方が多様性があり、優位性があるように考えるかもしれない。だが、同書は、ある調査を取り上げ、「多様性」に関して別の重要なポイントを指摘している。

その調査は、世界各地からの留学生も多く総学生約３万人の米カンザス大学（非白人約３０００名、カンザス州外学生約６０００名、25歳以上約２０００名）と他の平均約１０００名規模程度の５大学を比較して、学生間のネットワークの形成に関する過程について研究したものである。その結果として、次のような説明がなされている。

なお、同書によれば、それらの大学は同じく米カンザス州のベイカー大学（学生寮３棟、留学生０名）、ベサニー大学（５９２名）、ベセル大学（４３７名、カンザス州外学生１０５名）、セントラル・クリスチャン大学、マクファーソン大学（６２９名、留学生０名）などの比較的小規模な大学である。

「学生数の多いカンザス大学は多様な人々と出会える。生まれ育った環境や、考え方の異なる人々とつながる確率が高くなって当然だろう。

しかし、規模の小さいベセル大学では、そうしたチャンスは限られる。こぢんまりとした温かい環境はメリットになるが、学生数そのものが少なければ、考え方や行動の仕方が

違う人々、あるいはたんに見た目の異なる人々との有意義な交流の可能性を制限される

ところが、バーンズの調査データはまったく逆の結果を示した。カンザス大学の社会的ネットワークのほうが、ほかの5大学に比べて画一的だったのである。つまり自分と考え方や行動が似ている者同士、さらには政治的、倫理的な信条や偏見まで似通った者同士でつながり合っていた。…（中略）…『これにより、人は大きなコミュニティに属すると、より狭いネットワークを構築する傾向があることが判明した』…（中略）…

まずカンザス大学の場合、大勢の学生がいて、当然多様性にも富んでいる。しかし多様性には矛盾した特徴がある。交流できる人の数が多いということは、自分と似ている人の数も多いということだ。つまり、自分と考え方の似ている人と友達になりたいと思ったら、探せば見つかる可能性が高い。だから『細かい選り好み』ができる。

一方、小規模の学生は大学生数が少なく多様性も低い。しかしその分、自分と似たところの多い人も見つけにくい。すると、なるべく違いの少ない人で妥協することになる。学生数が少なくて多様性が低ければ低いほど、同じタイプの人間を見つけるのに制限がかかるのだ。バーンズは次のように指摘する。

皮肉な話だが、考えてみれば当然だ。小規模な大学では選択肢が少ない分、自分と異なる人間とつながりを持つ必要性が出てくる。しかし大学の規模が大きければ、それだ

け自分の社会的ネットワークを『微調整』するチャンスも得られる。妥協せずに、できる限り自分と似た人間を探し続けられる。バーンズの調査結果は、世界中で（さまざまな設定で）行われる同様の研究データと符合する。」（当該書、p232~p233）

上記の「多様性」の指摘が正しいとすると、ＯＩＳＴは、元々非常に多様性に富んだ組織であるが、規模の違いを勘案すると、東大以上に「多様性」の可能性が活かされているということができるだろう。その結果として、ＯＩＳＴは、科学の新たなフロンティアを開拓するために、分野の垣根を超えた研究を行うという意味において、重視している学際性を実現しやすい大学になっているということができるであろう。

筆者がピーター・グルース学長（当時）と話した際に、学長は「ＯＩＳＴを日本の次の大学のモデル（Next Model）にしたい」と主張されていた。

だが、これまで述べてきたことからもわかるように、ＯＩＳＴと東大には、規模や特性において多くの違いが存在している。

その意味において、ＯＩＳＴは、東大をはじめとする今の日本にある大学の「次のモデル」や「新しいモデル（New Model）」というよりも、「別のモデル（Another Model）」を提示しているのではないかと考えている。

そして、多様性の少ない日本社会においては、ＯＩＳＴや東大などを含む多様な大学などが生まれ、多種多様な人材が、社会に輩出されていくような環境こそが、現在そして今後の日本にとって重要であり必要なのではないかと考えられる。

⑦拡大的固定性と適正規模的柔軟性

⑤とも関連することでもあるが、今日のように世界や社会が劇的に変化する時や不透明感がある今後の時代においては、ビジョンやミッション・目標などのコア部分は微修正するにしても堅持しつつ、変化に対しては柔軟かつ果敢に工夫・対応できる組織の方が、理に適っているであろう。その意味では、組織の規模も、大規模であるよりも、小規模なものの方が、有利であり優位性があると考えられる。

その意味からすると、歴史的にも規模的にもまた総合性からも既存の土台が固定しがちな東大は、今の土台に、今後も時代や社会に合わせて変化を加えていく、「拡大的固定性」的な大学として、進展していくのであろう。

他方、ＯＩＳＴは、未だ発展途上であり、その小規模性を活かして、その内部および外部環境の変化に柔軟に対応していくのであろう。そして、その今後の適正規模は模索中であるが、東大のような規模や方向性は目指すことはないといえるであろう。ＯＩＳＴの良さは、ジョブ型雇用などで組織の新陳代謝があり、絶えずその可能性を模索し続け、更新し続けることができている点であろう。

そして、この点からも、日本社会において、絶えず新しい可能性が生まれていくためにも、東大やＯＩＳＴのような大きく異なる組織・大学等が存在していることが必要かつ不可欠に今後ますますなっていくのではないだろうか。

ここで、ＯＩＳＴの組織規模において、一点付け加えておきたいことがある。

それは、「ＯＩＳＴ戦略計画２０２０-２０３０」に書かれている、ＯＩＳＴとしては、「２０４０年代半ばまでに３００教員ユニット（つまり教員数３００名）に拡大することを想定」しているという主張に関することである。

これは、カリフォルニア工科大学（California Institute of Technology、Caltech）などの小規模研究機関との比較から算出された数字であるという。

筆者は、OISTは、規模的には現在の規模よりももっと拡張すべきだと考えているが、OISTが学際性を高く標ぼうしていることやOISTでの滞在経験から、個人的には別の感触をもっている。その理由は、主に次の三つの観点・理由からである。

・ダンバー数の観点

ダンバー数とは、英国のロビン・ダンバーが1990年代に提唱した考え方で、霊長類の脳の大きさと群れの大きさの間の相関に基づき、円滑で安定的な人間関係を維持できる人数は約150人であるというものである。これには別の意見もあるようだが、人口に膾炙されている考え方である。特にOISTが標ぼうし重要なキーワードである「学際性」を重要視した場合、この考え方は考慮すべきではないだろうか。詳しくは、『友達の数は何人？　ダンバー数とつながりの進化心理学』（ロビン・ダンバー、インターシフト、2011年）参照。

・筆者の経験等からの知見

筆者の専門の重要な柱の一つは、シンクタンク（政策研究機関。シンクタンクは、政策が対象なので、非常に学際的な指向が強い）の運営および研究である。その一環として、筆者は、これまでに世界中の100を超えるシンクタンクを訪問し、その200名を超える関係者等とヒアリングや意見交換を行ってきている。その経験また多くの関係者の意見等からすると、研究機関が有効に機能する規模は100~200名の規模であると考えているところである。これは、上述のダンバー数の観点ともオーバーラップしている考え方であるといえる。

・人的移動性やコミュニケーション手法の向上

世界がグローバル化し、人々の人的移動性は急激に高まってきている。コロナ禍で、その傾向は一時制限を受けているが、コロナ禍が収束してきており、さまざまな変化が国際社会や国際関係でも生じているが、その移動性は以前以上に高まることが予想される。

また特に現在も進行中のコロナ禍において、リモートでのコミュニケーションの手法とツールも飛躍的に開発されてきており、もちろん対面の良さもあるが、リモート対応の有効性も高まってきている。

このように考えると、瞬時的に物理的に在籍する教員数よりも、バーチャル上でのネットワークなどを活用した方が、予算を有効に活用するという意味でも効果的であると考えられる。

以上のようなことから、筆者は個人的には、ＯＩＳＴにおける在籍教員数としては、２００名が一つのターゲットなのではないかと考えている。

第5章

日本の新しい可能性を生み出すための提言

日本の新しい可能性を生み出すための提言

本章では、これまで述べてきたことを踏まえて、日本の社会および組織が今後の新しい可能性を創り出していくための進むべき方向性や方策について提言する。

（1）持つべき考え方や進むべき方向性

これまで論じてきたことから、日本の社会や組織が持つべき考え方や進むべき方向性は次のようになるといえるだろう。

①全体からわかること

日本は、明治維新以降の近代化・復興のプロセスにおいて構築された「政府・行政・官僚中心の国家運営」および「国家において活躍する東大を中心とした人材育成機関」からなる「明治維新モデル」によって、さまざまな問題・課題はあったが、ある意味成功を収めた。それは評価されるべきことであり、日本人として誇れることであろう。

だが、日本は、そのモデルが成功を収めたがゆえに、そのプロセスで構築したシステムや制度への過信や社会的な慣性の法則などから、社会や国際世界が大きく変貌し、今も大きく変化してきており、さらに今後大きく変容していく[illegible]経済新モデル」に固執し、その新しい環境や状況に対応できる新たなるシステムや制度を構築できずに、現在のような低迷・停滞状況に陥ってきているのである。

現在の状況を継続すれば、日本はさらに厳しい状況を迎えるだろう。たとえば、ゴールドマン・サックスが最近まとめた「2075年の世界の実質国内総生産（GDP）ランキング」（図表5-1参照）によれば、日本は、それらの国々の人口の増大等の影響もあるが、アフリカ、アジアおよび南米の国々にも劣位の世界12位になることが予想されている。日本が、歴史的かつ社会的にもユニークかつ可能性のある国が、果たしてそのような状況を迎えることになるのだろうか。

図表 5-1：世界の経済規模のランキング

	2000年	2022年	2075年
1	米国	米国	中国
2	日本	中国	インド
3	ドイツ	日本	米国
4	英国	ドイツ	インドネシア
5	フランス	インド	ナイジェリア
6	中国	英国	パキスタン
7	イタリア	フランス	エジプト
8	カナダ	カナダ	ブラジル
9	メキシコ	ロシア	ドイツ
10	ブラジル	イタリア	英国
11	スペイン	ブラジル	メキシコ
12	韓国	韓国	日本
13	インド	豪州	ロシア
14	オランダ	メキシコ	フィリピン
15	豪州	スペイン	フランス

出典：「（グローバル・ペーパー） 2075年への道筋－世界経済の成長は鈍化、しかし着実に収斂」（ゴールドマンサックス、p.19、2022年12月6日）

これらのことは、日本は、これまでの単なる延長や継続を超えた可能性を探求すべきこと、別の言い方をすると、明治維新（の成功）の呪縛から、今こそ解き放たれるべき時期にきているということを意味しているといえるだろう。

このことにも関係するエピソードを二つ紹介しておきたい。

まず一つ目は、筆者が、政党シンクタンク設立の関係で、自民党の党内で仕事をしていた際に感じたことだ。それは、当時、政治や行政関係の多くの方々と接する機会があったが、その中には維新を成功させ明治政府の中心を形成していた藩閥出身の方々などが多く、「日本はいまだに藩閥政治なんだ」と感じたことである。また二つ目としては、２０２２年暴漢に襲われ殺害された安倍晋三元総理を描いた映画「妖怪の孫」を観た際にも、同映画の評価はともかく、日本の政治はいまだ藩閥による明治政府につながっていることを強く感じた。そのような経験も、筆者が、現在の日本が「明治維新モデル」に固報・固陋していると考える背景にある。

なお、平成に入って以降、日本の問題や課題を解決していくために、「維新」という名称の入った市民団体や政治団体、政党などができてきているが、これらの団体なども、ある意味で、明治維新の成功における「維新」フレームワークの発想にとらわれたもので、

②沖縄科学技術大学院大学（ＯＩＳＴ）から学べる考え方や方向性

日本社会が、沖縄科学技術大学院大学（ＯＩＳＴ）の成果や経験から学べる主な考え方や方向性は次のことだろう。

・国内の枠組みやルールを優先せず、国際的基準や水準を基礎にすることが重要である。

国内の枠組みやルールの視点からはどうしても保守的になりがちで、短期間で大きな変化が起こる今日のような時代には、国際的に立ち遅れてしまう危険性がある。もちろん、その場合にも、国や社会として守るべきものは堅持しながら、気概を持ち、冷静かつ大胆に主体的に変化していくことが必要である。

・社会や組織が画一的であると、短期的には効率性が高まり、成果が得られることもあるが（日本の明治維新以降の近代化や第二次世界大戦後の高度経済成長はまさにそうであった）、行き詰まった際に、なかなかブレークスルーを見いだすことができない。それが今の日本の長引く低迷の原因の一つであるといえるだろう。また「多様性」の要素は、難しい面もあるが、社会の中に変化を生み、イノベーティブな要素を内在させる意味でも重要といえるだろう。

・プランBあるいはチームB、別のやり方が社会に存在すること、つまり社会的に多様なやり方や多様な人材による組織が存在することが重要である。それがあることで、困難に直面してもブレークスルーや新しい可能性を見出しやすくなる。

日本は、明治維新以降、スペアやオールタナティブなしに、絶えず一つの方策だけで、成功を収めてきた。そのこと自体は評価されるべきことだろうが、それはあまりにもリスクの大きな対応であったと考えることができるだろう。特に今日のように社会がある程度の水準に達したような場合は、その選択は得策ではないといえるだろう。

・OISTは、日本においても、一般的とは異なるやり方や対応ができれば、成果を出すことができるということを示している。

③日本の社会や政府が考えるべきこと

これまで論じてきたことを踏まえて、日本の社会や政府は、次のようなことを考えるべきだろう。

・「明治維新モデル」を超克した新たなモデルやシステムを構想し、創生していく必要がある。

・ＯＩＳＴが設立以来蓄積してきた知見や経験などを、日本の社会や政府でも活かすための試みや工夫を積極的に行うべきだ。

・国際的な枠踏みや発想から組織や運営等を行うべきだ。

・日本社会の中に、従来のやり方や従来の「特区」などと異なる、多元的で多様な仕組みのあるＯＩＳＴのような組織や地域をもっと創設すべきだ。

・日本は、明治以降に基本的に画一的で、一つのやり方で対応してきた。それは大きな成果を生んだが、日本社会がある程度豊かになった現在では、その対応では、多様なニーズや価値観に対応できない。今後は、政府の決定や組織の決定などのプロセスや場に多様な背景をもつ人材を関与させ、多様なやり方をできるかぎり採用すべきだ。

・他方で、日本の今後を考えれば、日本の社会や組織が、すべてＯＩＳＴ的になれば、それですべての問題や課題が解決するとは考えるべきではない。その意味で、ＯＩＳＴは、「次のモデル（Next Model）」というよりも、飽くまで「別のモデル（Another Model）」という発想を持ち、日本に多様でさまざまな仕組みや組織を構築し、相互に刺激をし合い、競い合えるような環境を創出していくことが肝要だろう。

・ＯＩＳＴの経験からもわかるように、多様にかつ集中的に資源を「投資」することが重要である。またその場合、政府などが事細かく指示することはできるだけ控え、現場の自律性と工夫が活かせるような環境を構築することが必要である。

・政治・政府からの距離感を活かして、さまざまな組織や仕組み・試みを行うことが重要である。

（2）日本の政府や社会への提言

上記で述べた考え方や方向性を実現していくために、次のような具体的な提言をしたい。

1）ＯＩＳＴリーグの形成

日本国内に、ＯＩＳＴのような「特区」を構築し、さまざまなイノベーティブな取り組みが行われ、それがまた切磋琢磨しながらも相互に競い合え、特に協力し合えるような環境を構築する。その環境が、社会全体に波及し、日本社会全体を変革していくようにする。そのために、次のような点を考慮すべきだろう。

①想定設立大学数

現在のＯＩＳＴ以外に新たにさらに5つのＯＩＳＴ型大学を創設し、日本に新しい知のイノベーティブな組織集団を構築する。現ＯＩＳＴを入れて全体で[illegible]つの大学にする。

②1校の予算規模

現在のOIST予算は、教員ユニット100で年約250億円弱といえる。先に述べたように教員ユニット数を200と想定すると、当該タイプの1大学の予算は500億円程度であると推定できる。

つまり、このOISTリーグ全体として、次のような予算が想定できるだろう。

6校×500億＝3000億/年＠日本国の予算（歳出）

なお、復興省および福島県が推進する福島国際研究教育機構（Fukushima Institute for Research, Education and Innovation：F-REI）というものがある。これは、「福島をはじめ東北の復興を実現するとともに、日本の科学技術力・産業競争力の強化に貢献する、世界に冠たる『創造的復興』の中核拠点として、国が設立した法人」（2023年（令和5年）4月設立）（ふくしま復興情報ポータルサイト）である。その関係の多くの方々が、OISTを参考にするために、訪問してきているという。これは、OISTの福島版であるとも考えられ、OISTの成果が日本社会に活かされることの一つの実例になろう。

③OIST型大学の設立基準ポイント

このOISTタイプの大学は、次のような基準ポイントに基づいて、設立される。

・世界最高水準・最先端
・非都市部（特に非東京都周辺）に設立。日本全国に配置
・国際社会、日本および設立地域に貢献。社会に開かれた存在
・産学連携および研究シーズの社会活用ならびにイノベーションの創発・実現
・国際的人材によるガバナンス・運営・研究・教育
・多様な人材を含む多様性、他言語（英語など）の公用語化
・次世代を見据えたグローバル水準のビジョン・ミッション・価値
・研究分野は、文理が融合されており、学際的であること
・博士号レベルの教育に限定し、研究中心。学部生など向けのインターンシップの並存
・特区（出島）的対応

2）大学ファンドの方向性

日本政府は、海外と比べて、国内大学が資金力で劣り国際競争力を低下させている現状

究力向上を支援する10兆円大学ファンドを創設した。だが、これまでの日本の経験等を踏まえると、現行の大学（特にその資金を獲得できそうな伝統ある規模の大きな有名大学）に資金だけをつぎ込んでも、大学における従来対応の改善や資金のバラマキ的な配布などに使われてしまい、十分に活かされるとは考えにくい。もし現行大学に資金提供するにしても、別の学部・研究科やキャンパス等の構築などの「別枠」に対して行うべきだろう。

なお、予想されたように大規模な有名大である東大・京大・東北大・大阪大・九州大・名古屋大・筑波大・東京科学大（東京工業大学および東京医科歯科大が2024年度までに統合）の国立大学および、早稲田大・東京理科大の私大（計10大学）が、公募期限の2023年3月末までに申請した。そして政府は2023年9月、同大学ファンド「国際卓越研究大学」の最初の候補に東北大学を選んだ。

3）ハイトラストファンド（HTFM）方式による研究支援方式の導入

ＯＩＳＴが高い質の研究活動が行われている重要な要素としてＨＴＦＭがある。これにより、厳しい選定と評価とが一体になっている面も見過ごしてはならないが、優秀な研究者が集まり、より柔軟かつ適切な環境の下に研究が行われ優れた研究活動とその成果が生まれているのである。

このようなHTFMの事例は欧米ではさまざまな例がある。その中でも特に有名なものの一つが、アメリカ国防高等研究計画局（Defense Advanced Research Projects Agency：DARPA）であろう。DARPAは、軍使用向け新技術開発および研究を行うアメリカ国防総省の研究機関である。DARPAは、米アイゼンハワー政権下の1958年に、NASA（米航空宇宙局）およびDDR&E（Director of Defense Research and Engineering、防衛省研究・技術開発局長）の下に設立されたその前身であるARPA（高等研究計画局）の時期も含めると、インターネットの原型であるARPANET、全地球測位システムのGPS、ドローン、SIRI、音声認識、マウス、ロボット掃除機ルンバ、マルチミッションロボットなどの多くのイノベーティブで社会的にも大きなインパクトのあるものなどを開発してきたことで知られている。

またDARPAは、研究そのものを行うわけではなく、プログラムへの資金提供機関であるが、明らかに成功する研究は採択せず、極めてハイリスクであるがインパクトの大きい研究開発に資金支援をしている。その場合、産官学から優秀なプログラムマネージャー（PM）を招聘し、概ね3～5年間のプログラム実施期間中は基本的に同一のプログラムマネージャーに独裁的な責任と権限を与えて、研究に専念[illegible]

るために、多くのイノベーティブな研究成果が生まれているといわれている。まさにD
ARPAは、HTFMの仕組みを採用しているのである。

日本の場合、先にも述べたように、現在は雁字搦めの研究支援が多いが、このようなHTFMに基づく仕組みを、厳しい選定と評価の下に導入してみてはどうだろうか。

なお、DARPAは、自由な処方で特定課題解決を行う賞金付競技会形式コンテスト「チャレンジプログラム」も実施しているが、課題達成型の研究開発を行う手段として、世界中から既に注目を集めている。日本では、現在の法制度上は公的資金を賞金にはできないようであるが、法改正や政策工夫などを行い、今後の研究開発の手法としてより積極的に導入してみてもいいかもしれない。

4）監査方法

監査には、「事業監査（project audit）」と「組織監査（institutional audit）」がある。一般的には、特に税金などの資金に基づく場合、対象事業などに対して前者が適用され、資金提供側のルールや論理で、監査されることは致し方ないであろう。

他方、OISTのように異なる仕組みによって運営されていたり、あるいは異なる仕組みを構築していこうという組織や仕組みに対して、前者を適用するのは不適切である。

後者は、対象組織の独自のビジョン・ミッション・目的などを実現させていくための監査である。その監査では、対象である組織が適正な独自のルールや運営方法を構築し、それが社会的に鑑みて問題がなく、それらに従ってその組織の決定がなされているかどうかを判断し、その観点で問題なければ、監査上問題ないと判断するものである。

資金提供側が、異なるビジョンなどを有する対象組織に、自身のルールを一律に順守させることは、本来は資金提供の趣旨にも反するはずである。

以上のようなことを勘案すると、ＯＩＳＴのように異なるビジョンなどを実現しようという試みの組織に資金提供する場合は、「事業監査」ではなく「組織監査」を適用すべきである。

5）その他

・ＯＩＳＴの知見を日本社会で活用する

日本は、ＯＩＳＴの組織運営や人材活用の知見・経験の蓄積を活かして、組織や社会の変革に向けた試みを行うべきである。より具体的には、日本ではいまだ経験や知見が十分に蓄積されてきていないジョブ型雇用およびダイバーシティー（多様性）とインクルーせる仕組み（たとえば、ＯＩＳＴがその分野のコンサルティング・ファームをつくること など）を構築する。

また、ＯＩＳＴの広報（地域・国内・国際向けの多言語対応）の経験を、日本の政府などの国際広報活動に活かす。

さらに、ＯＩＳＴは、知見等を社会や政策的に活かし、政府・政治に働きかけるシンクタンク（政策研究機関）を設けて、日本社会に貢献することも考えられる。

・日本がＯＩＳＴを安全保障のハブとして活用

世界中から優秀な人材が参集し、人的ネットワークが構築されてきているＯＩＳＴを活用して、沖縄を日本の地政学的な安全保障のハブに活用していく。

現在の日本は、落ち着いて安定した安全な良い社会だが、社会的なダイナミズムさやイノベーティブな活力や精神を喪失していて、元気がない。しかし、そのポテンシャルや可能性はある。ＯＩＳＴの組織や活動は、そのことを示している。

日本社会が、その成功・成果および改善すべき点も踏まえて、本書で論じたようなＯＩＳＴの経験や知見から多くを学びかつ活かして、新しい飛躍の可能性を見出しあるいは生み出し、次世代に新しい未来を提示してくれると確信している。

さいごに

近年、特に優秀な若い世代の方々が、海外に留学をする時期が早まってきている。

筆者が大学生の頃は、留学に関心があっても、学部は日本の大学を卒業後に、海外（主に欧米）の大学院等に留学するケースが多かった。また日本の大学に入れないので、海外の大学に留学をする者もいた。その後は、欧米の大学に正式に留学する学生は減った。だが、どちらかというとより短期間の留学になったが、よりさまざまな国や地域での留学が増え、語学留学も含めると全体の数はそれほど減ってない状況が生まれていた。

そして、そのほとんどは、海外の大学を卒業後は、日本に帰国し、就職するというのが一般的だった。それは、当時の日本や日本の大学の評価が国際的にみても高く、日本社会の可能性が高かったからだろう。

だが最近では、特に優秀でやる気のある方々は、学部ぐらいから（場合により、それ以前に）欧米の優れた大学等に留学するケースが増えているように感じる。言語能力や人的ネットワーク形成の面からも、早い時期に留学した方が、その向上・強化が期待でき、その後の人生で有利に働くことを考えると当然のことである。

それは、本文で論じたように日本の大学の国際的な評価が下がっていることもあるが、若い世代が、日本国内の閉塞感や低迷感を感じると共に、国際社会の大きな変化や可能性を感じているから生まれてきている状況ではないだろうか。

彼らは、海外の大学等を卒業後、日本に戻らず、海外での仕事や活動を選択すること、極端ないい方をすると、「棄国」という選択をする可能性が高まることを意味するのではないかと考えている。

彼らに「卒業後、どうするの」と質問すると、その多くは、「卒業後、日本に戻り、貢献したい」と回答しているが、今後における日本と海外での可能性を比較検討すると、残念ながら現時点では、海外での仕事や活動を選択することは大いにありうるのではないかと考えている。

筆者が、そのように考えるのは、日本が、今も優れた部分や可能性を有しているが、その魅力やそこにおける可能性が急速に低下してきていると考えるからだ。もし彼らの多くが「棄国」したら、日本はより魅力の乏しい国・社会になる可能性が高いといえるだろう。

そんなことが起きないようにすべきだろう。

そこで、本書は、このような日本の現実となぜそのようなことが起きているかについて、筆者のこれまでの経験および知見を踏まえて、大胆な考え方に基づいて論じてみたものだ。

そしてまた、そのような日本の厳しい現実や状況をブレークスルーしていくための方策や可能性のある事例であり装置として沖縄科学技術大学院大学（ＯＩＳＴ）を取り上げて、日本の今後の進むべき方向性や可能性を提示した。

ＯＩＳＴは、いまだトライ・アンド・エラーを続けている実験場であり、まだまだ解決したり改善すべき問題や課題のある場所であり仕組みだ（別のいい方をすれば、開発途上にある。だがＯＩＳＴの良さは、決して完成されず、未完の更新を続けていく組織であり続けることだろう）。

しかし、日本の場合、新しい試みに対して、マイナス点を批判し、ダメにしてしまうことが多いが、ＯＩＳＴは日本における数少ない可能性として、その長所や優れた面を活かし、育て、その経験や知見を日本社会に前向きに活かしていくべき存在だと思う。

その点において、ＯＩＳＴは恵まれた環境にある。筆者は、ＯＩＳＴに滞在研究中およびその後に、多くの方々からＯＩＳＴに関するご意見等を伺ったが、その中でも特にＯＩＳＴにかかわりがあるあるいはＯＩＳＴを知る多くの方々は、ＯＩＳＴの良さを理解し、高く評価し、好印象や愛着をもち、何らかの形で貢献したい、協力したいと考えている。このような組織の存在は、日本ではそれほど多くはない。

また筆者の限られたＯＩＳＴ滞在中にも、10組を超える知り合いの方々が、ＯＩＳＴを訪問された。

このように、ＯＩＳＴには、「ＯＩＳＴマジック」ともいうべき、人々を引き寄せる魅力があるのだろう。ＯＩＳＴ恐るべし！　筆者も、そのようなＯＩＳＴの魅力に引きつけられた一人だ。

筆者はこれまで、日本社会をより良くするようにさまざまな取り組みや試みをしてきた。その経験からも、中央から社会は変わらないことや、中央にいてそこでメリットを得ている側から今の社会を変えることは難しいということを実体験してきた。その意味からも、ＯＩＳＴの立ち位置は、現在の日本において、可能性を強く感じるところである。

本書は、このような視点から、日本社会が今後の可能性を生み出していくために、ＯＩＳＴを題材に取り上げて、論じたものだ。日本は、可能性や選択肢が狭まりつつあるなかで、ＯＩＳＴの知見や経験を今後に活かして、新しい方向性や可能性を構想および創出していくうえで、貢献できることを期待している。

筆者は最近、スタートアップやオープンイノベーション関係のさまざまなイベントで、多くの一般企業やスタートアップ関係者と会い、話す機会が多い。そこには、多くの海外背景の人材や企業なども参加している。その経験からすると、少なくとも一部の人材や組織は、従来の発想を超えて、グローバルな視点や発想から、社会に大きなインパクトを与える活動を目指しているものも確実に増えてきている。また国際情勢の変化のなか日本の企業やスタートアップおよび市場に関心をもつ海外の組織や人材も増えてきている。これはつまり、なかなか変わらなかった日本も遂に変わりつつあることを示している。これらの変化・方向性とが、ＯＩＳＴなどとの動きと相互に連動していけば、確実に日本には新しい可能性が生まれてくるだろう。この好機を活かしてくれる存在としてのＯＩＳＴに大いに期待している。

筆者は、２０２２年9月初旬から11月中旬ぐらいまでの約2か月半の間、ＯＩＳＴのレジデンスに滞在し、ＯＩＳＴのマネジメントやガバナンスおよび活動等について研究した。ＯＩＳＴには当時このような研究のスキームやプログラムはなかった。だが、ピーター・グルース学長・理事長（当時）は、そのような筆者の申し出を快く受け入れてくださった。その意味で、受け入れていただき、自由な研究活動の機会や環境を提供いただいたグルース学長（当時）、ＯＩＳＴおよびその役員や教職員の皆さん方、特に筆者の滞在研究の仲介役を担ってくださった理事長・学長室マネージャーの外山曜子さんらには心より感謝したい。加藤重治事務局長・副理事長には、特に本書の第3章の原稿等を丁寧に確認いただいたことに厚く御礼申し上げたい。また、カリン・マルキデス理事長・学長にはご活躍され、ＯＩＳＴのさらなる発展を実現していただきたい、と申し上げたい。そしてＯＩＳＴと筆者の関係構築に尽力いただいた前ＯＩＳＴ東京オフィス・ディレクターである白新田十久子さん（The Asia Group Tokyoの現Japan Country Director）には大変お世話になりました。感謝したい。

そして、その研究活動の一環で、１００人を超える方々にヒアリングさせていただいた。個々のお名前はあげることはしないが、そのご協力等にはお礼を申し上げたい。

最後になるが最も重要な方として、株式会社キーステージ21の代表取締役社長の大久保正弘さんそして大変な編集作業をしてくださった網野瑠衣さんおよび渡部文さんのお名前をあげないわけにはいかない。大久保さんおよび網野さん並びに渡部さんのご尽力なしには、本書が世に出ることはありませんでした。ありがとうございました。

バブル経済崩壊前後の日本社会の異様な高揚感と、いまだ多くの可能性を感じられた時期の象徴であるディスコ「ジュリアナ東京」のＣＤ曲を聴きながら。

鈴木　崇弘

２０２４年7月吉日

参考文献

①書籍等

・安西祐一郎（2022）『教育の未来　変革の世紀を生き抜くために』中公新書ラクレ
・石川英輔・田中優子（1996）『大江戸ボランティア事情』講談社
・伊藤剛（2015）『なぜ戦争は伝わりやすく平和は伝わりにくいのか　ピース・コミュニケーションという試み』光文社新書
・沖縄科学技術大学院大学（OIST）（2020）『OIST戦略計画2020-2030』
・岡田彰（2024）『官僚制の作法』公職研
・落合陽一（2022）『忘れる読書』PHP新書
・黒川清（2022）『考えよ、問いかけよ「出る杭人材」が日本を変える』毎日新聞出版
・共同通信社「日本の知、どこへ」取材班（2022）『日本の知、どこへ』日本評論社
・サイド・マシュー（2022）『才能の科学（第2刷）』河出書房新社
・サイド・マシュー（2022）『多様性の科学（第8刷）…画一的で凋落する組織、複数の視点で問題を解決する視点』ディスカヴァー・トゥエンティワン
・サイド・マシュー（2022）『失敗の科学（第12刷）』ディスカヴァー・トゥエンティワン
・塩野誠（2020）『デジタルテクノロジーと国際政治の力学』ニューズピックス
・鈴木崇弘（2023）『DX時代のシビルリテラシー』（リカレント教育コンテンツ多摩百科全書）公益社団法人学術・文化・産業ネットワーク多摩
・鈴木崇弘（2007）『日本に「民主主義」を起業する』第一書林

・鈴木崇弘（1993）『世界のシンクタンク「知」と「治」を結ぶ』サイマル出版社
・テット・ジリアン（2016）『サイロ・エフェクト』文藝春秋
・ダンバー・ロビン（2011）『友達の数は何人？―ダンバー数とつながりの進化心理学』インターシフト
・立花隆（2005）『天皇と東大：大日本帝国の生と死（上）（下）』文藝春秋
・野中郁次郎・竹内弘高（2020）『知識創造企業（新装版）』東洋経済新報社
・原田伊織（2019）『三流の維新一流の江戸：明治は「徳川近代」の模倣に過ぎない』講談社文庫
・ハラリ・ユヴァル・ノア（2016）『サピエンス全史　上下合本版　文明の構造と人類の幸福』河出書房新社
・藤吉雅春（2022）『未来を「編集」する』実業之日本社
・ブレグマン・ルトガー（2022）『Humankind 希望の歴史（上）（第4刷）』文藝春秋
・ブレグマン・ルトガー（2021）『Humankind 希望の歴史（下）（第1刷）』文藝春秋
・牧兼充（2022）『イノベータのためのサイエンスとテクノロジーの経営学』東洋経済新報社
・若林恵（2021）『次世代ガバメント』黒鳥社

②論文・記事等

・朝日新聞（2022）「ノーベル賞の受賞者も育んだ沖縄科学技術大学院大（OIST）、仮設で始まった異能集団」（ルシー・ディッキー）、朝日新聞Globe＋、2022年11月21日更新
・石黒浩・ハラリ・ユヴァル・ノア（2023）「テクノロジーの進化が問う『人類の責任』」Voice、2023年1月号
・NHK NEWS WEB（2019）「なぜ？東大王の〝官僚離れ〟（霞が関のリアル）」2019年4月8日
・沖縄科学技術大学院大学（OIST）（2023）「OISTが恩納村と開発した新種の高機能米の名称を

『ちゅらおとめ』に決定」ＯＩＳＴのＨＰ、２０２３年６月28日
・沖縄科学技術大学院大学（ＯＩＳＴ）（２０２２ａ）「沖縄の海洋生物の体内から検出されるマイクロプラスチックを調査」ダニエル・エレンビ、ＯＩＳＴのＨＰ、２０２２年12月６日
・沖縄科学技術大学院大学（ＯＩＳＴ）（２０２２ｂ）「イカの養殖システムの開発に成功」ルーシー・デッキー、ＯＩＳＴのＨＰ、２０２２年８月２日
・沖縄科学技術大学院大学（ＯＩＳＴ）（２０１８ａ）「銅谷賢治教授、ドナルド・ヘッブ賞を受賞」ＯＩＳＴのＨＰ、２０１８年７月31日
・沖縄科学技術大学院大学（ＯＩＳＴ）（２０１８ｂ）「サンゴ礁を救え！養殖サンゴが導く明るい未来」アンドリュー・スコット、ＯＩＳＴのＨＰ、２０１８年５月17日
・沖縄科学技術大学（ＯＩＳＴ）（２０１７）「海の力で持続可能な未来を」アン・マックガバン、ＯＩＳＴのＨＰ、２０１７年９月20日
・小山田和仁「チャレンジプログラム～ＤＡＲＰＡによる課題解決型研究開発の新しい進め方」つくばサイエンスニュース、２０１８年９月１日
・堺屋太一（２０１５）「第30回　戦後官僚主導体制は何を作ったのか」AERAdot.10th、２０１５年11月６日
・鈴木崇弘（２０２４）「日本国のガバナンスの問題・課題そして今後を考える上での必読書『官僚制の作法』」Yahoo!ニュース、２０２４年５月27日
・鈴木崇弘（２０２３ａ）「『総合芸術』的な国際研究組織『ＯＩＳＴ』の全貌（下）」フォーサイト２０２３年３月26日
・鈴木崇弘（２０２３ｂ）「『総合芸術』的な国際研究組織『ＯＩＳＴ』の全貌（中）」フォーサイト２０２３年３月25日
・鈴木崇弘（２０２３ｃ）「『総合芸術』的な国際研究組織『ＯＩＳＴ』の全貌（上）」フォーサイト

２０２３年３月24日
・鈴木崇弘（２０２３d）「ＯＩＳＴの成果は、『変わらない』日本を『変える』方策を提示している」（リレートーク）日本自治創造学会メールマガジン第86号　２０２３年２月15日号
・鈴木崇弘（２０２３e）「ＯＩＳＴの次期学長就任が決定された」Yahoo!ニュース、２０２３年１月27日
・鈴木崇弘（２０２３f）「ＯＩＳＴの挑戦にみた日本変革のヒント」Ｖｏｉｃｅ、２０２３年２月号（ＰＨＰ総研）、２０２３年1月6日
・鈴木崇弘（２０２３g）「『変われない』日本が３つの事例から学べること」Yahoo!ニュース、２０２３年１月２日
・鈴木崇弘（２０２２a）「研究は正にチームワークの成果・研究支援人材…ＯＩＳＴのＳＭの島貫瑞樹さんに伺う」（共著）Yahoo!ニュース、２０２２年12月22日
・鈴木崇弘（２０２２b）「高水準な研究を支えるＯＩＳＴの保育施設や授乳室」教育新聞、２０２２年11月22日
・鈴木崇弘（２０２２c）「コロナ禍を乗り越えてサイエンスフェスタの新たなる「始動」…「科学×国際性」のＯＩＳＴの真骨頂…」Yahoo!ニュース、２０２２年11月14日
・鈴木崇弘（２０２２d）「ノーベル賞雑感…ＯＩＳＴのスバンテ・ペーボ兼任教授の受賞で考えたこと」Yahoo!ニュース、２０２２年10月31日
・鈴木崇弘（２０２２e）「研究成果演出の影の立役者・研究支援人材…業界の先駆者・杉原忠さんに聞く」Yahoo!ニュース、２０２２年10月27日
・鈴木崇弘（２０２２f）「ＯＩＳＴを活かして、技術・経験・人材・資金を繋ぎスタートアップを成功させる…ＯＨＣ吉國聖乃さんに聞く」Yahoo!ニュース、２０２２年10月17日
・鈴木崇弘（２０２２g）「ＯＩＳＴは、「ハウルの動く城」であり「アリスの不思議の国」なのかも？」

Yahoo!ニュース、２０２２年10月８日
・鈴木崇弘（２０２２ｈ）「沖縄科学技術大学院大（ＯＩＳＴ）と一日科学者体験」教育新聞、２０２２年10月６日
・鈴木崇弘（２０２２ｉ）「多様な視点をもつために」Yahoo!ニュース、２０２２年９月16日
・鈴木崇弘（２０１８）「日本はもはや「先進国」ではない…深センで見た現実」Yahoo!ニュース、２０１８年８月20日
・高橋史弥（２０２３）「ＳＴＡＲＴＵＰ ＤＢ　２０２３年世界時価総額ランキング。世界経済における日本の存在感はどう変わった？」ＳＴＡＲＴＵＰ ＤＢ、２０２３年３月３日
・銅谷賢治（２０１９）「２０１９年度日本神経回路学会学術賞受賞者のことば」日本神経回路学会誌 Vol.26　No.4、２０１９年12月５日
・東京新聞（２０２１）「デジタル民主主義」（日曜版大図解 No.1525）２０２１年９月３日号
・東京新聞（２０２０）「データが変える社会」（日曜版大図解 No.1441）２０２０年１月26日号
・読書猿（２０２３）「子供向けの「科学の本」が実は大人にこそオススメな理由、『独学大全』 著者の学び直し術」Diamond online、２０２３年１月12日
・マイナビニュース（２０２３）「ＯＩＳＴ第３代学長兼理事長にカリン・マルキデス博士が就任　同大初の女性学長」２０２３年５月31日
・松井孝治（２０２３）「公共人材確保法を整備せよ」Ｖｏｉｃｅ、２０２３年４月号、２０２３年３月
・三浦毅司・大熊雄治（２０２０）「韓国や香港、中国より下位の日本の技術革新力　一体何が原因か 第19回 グローバル・イノベーション・インデックス２０２０から読み解く特許の将来」日経 XTECH、２０２０年９月15日
・宮坂麻子（２０２３）「『メタバース工学部』多様性へ前進」朝日新聞、２０２３年３月26日

・文部科学省科学技術・学術政策研究所（２０２２）「科学技術指標２０２２」２０２２年８月

③ＷＥＢ情報・その他

・ＯＩＳＴのＨＰ（https://www.oist.jp/ja）
・IMF World Economic Outlook
・IMD「世界競争力年鑑」
・CB insights
・「雇用形態『メンバーシップ型』、『ジョブ型』とは？新たに出てきた『タスク型』についても解説（https://jws-japan.or.jp/whitecareer/blog/2843）」（White Career の HP、２０２２年２月15日掲載）
・「IMD『世界競争力年鑑２０２１』からみる日本の競争力　第１回：結果概観」（酒井博司、三菱総合研究所ＨＰ、２０２１年10月７日）
・「世界のユニコーン企業の現状 ① 世界のユニコーン企業の数７５０社に！（社長レポート）」（須毛原勲、SUGENA のＨＰ、２０２１年７月29日）
・「世界大学ランキング２０２２　日本から１１８校がランクイン　アジア勢伸びる　一覧掲載」（高校生新聞 online、２０２１年９月２日）

④動画

・ＯＩＳＴの10年の歩み（https://www.youtube.com/watch?v=xTO6RUZLYp0&t=3s）
・ＯＩＳＴオンラインツアー（https://www.youtube.com/watch?v=_ZMYBawap-U）
・「沖縄復帰50年」⑸ピーター・グルース沖縄科学技術大学院大学（ＯＩＳＴ）学長　2022.4.26 @日本記者クラブ（https://www.youtube.com/watch?v=zELZUWQCD8M）

Author 執筆者

鈴木 崇弘 すずき たかひろ

栃木県宇都宮市生まれ。東京大学法学部卒。公共政策などを専門とする政策研究者。東京財団（現東京財団政策研究所）、一般財団法人シンクタンク2005・日本（自民党の政党シンクタンク）の設立に関わる。大阪大学特任教授兼同大学FRC副機構長、東京電力福島原子力発電所事故調査委員会（国会事故調）事務局、中央大学大学院公共政策研究科客員教授、厚生労働省総合政策参与（大臣付）などを歴任。現在、早稲田大学招聘研究員、政策基礎研究所（EBP）顧問、Yahoo!ニュースのオーサー等も務める。主な著書に『日本に「民主主義」を起業する』『シチズン・リテラシー』『Policy Analysis in Japan』『何谓智库：我的智库生涯』『DX時代のシビルリテラシー』など。

KS21 みらい新書

沖縄科学技術大学院大学は東大を超えたのか
—日本を「明治維新の呪縛」から解放し、新しい可能性を探求する—

2024年 7 月15日　初版発行

著　　者　鈴木崇弘
装丁・組版　木村ほなみ
編　　集　網野瑠衣・渡部文
編集協力　吉田佳奈・鈴木真陽
　　　　　松見彩音・加藤未羽瑠
発 行 者　大久保正弘
発 行 所　株式会社キーステージ21
　　　　　〒194-0215　東京都町田市小山ヶ丘4丁目7番地2-818
　　　　　電話　本社 042-779-0601　出版部 042-634-9137
印刷・製本　モリモト印刷株式会社

ISBN　978-4-904933-20-6　C0237

感想をお聞かせください

下記の URL または QR コードより、アンケートフォームにアクセスできます。

http://www.keystage21.co.jp/bookenquete/

ご登録いただきましたお客様には、新刊情報、目録をお送りします！

キーステージ21の出版情報、活動情報をSNS で発信しています！！

ハッシュタグ「# KS21」で感想をお待ちしております！！

キーステージ 21 の最新情報を SNS で発信中!!

Twitter @keystage21

下記の URL または QR コードよりアクセスできます。

https://twitter.com/keystage21

Facebook

下記の URL または QR コードよりアクセスできます。

https://www.facebook.com/keystage21